**As Imagens que Invadem as Salas de Aula**

LUCIANA BORRE NUNES

As Imagens que Invadem as Salas de Aula

Reflexões sobre Cultura Visual

DIRETOR EDITORIAL:
Marcelo C. Araújo

EDITORES:
Avelino Grassi
Márcio F. dos Anjos

COORDENAÇÃO EDITORIAL:
Ana Lúcia de Castro Leite

REVISÃO TÉCNICA:
Gabrielle Perotto de Souza

COPIDESQUE:
Eliana Maria Barreto Ferreira

REVISÃO:
Ana Lúcia de Castro Leite
Bruna Marzullo
Leila Cristina Dinis Fernandes

PROJETO GRÁFICO:
Junior Santos

FOTOS:
Arquivo pessoal da autora

© Idéias & Letras, 2010

Editora Idéias & Letras
Rua Pe. Claro Monteiro, 342 – Centro
12570-000 Aparecida-SP
Tel. (12) 3104-2000 – Fax (12) 3104-2036
Televendas: 0800 16 00 04
vendas@ideiaseletras.com.br
www.ideiaseletras.com.br

Dados Internacionais de Catalogação na Publicação (CIP)
(Câmara Brasileira do Livro, SP, Brasil)

Nunes, Luciana Borre
As imagens que invadem as salas de aula: reflexões sobre cultura visual / Luciana Borre Nunes. – Aparecida, SP: Idéias & Letras, 2010.

Bibliografia.
ISBN 978-85-7698-061-2

1. Arte na educação 2. Cultura 3. Estudos culturais 4. Identidade social 5. Percepção visual 6. Relações de gênero 7. Representações sociais 8. Sala de aula – Direção 9. Sociologia educacional I. Título.

09-12779	CDD-370.19

Índices para catálogo sistemático:

1. Cultura visual no ambiente escolar:
Sociologia educacional: Educação 370.19

A meus pais que, como exemplos de trabalho, virtude e perseverança, deixaram as marcas mais profundas de minha vida. Ao Instituto de Educação São Francisco, os ensinamentos e oportunidades.

Sumário

Apresentação 9

Palavras Iniciais 11

1. Primeiras marcas 17
   Pensar as imagens através dos Estudos Culturais 17
   Desestabilizando metanarrativas educacionais 26
   Imagens e processos discursivos na produção de identidades ... 33

2. A Cultura Visual nas escolas 43
   A Cultura Visual constituindo olhares 48

3. A Cultura Visual produzindo gênero 55
   Olhares de investigação 60
   "Meninas são mais doces!": atribuição
   de comportamentos femininos 70
   "Eu já sei o que vou comprar!": desejos de consumo 91
   "Eu queria ser igual a elas!": a busca pela beleza 106

4. Trocando experiências de sala de aula 123
   Desafio dos Sorrisos 123

Os Girassóis 128
A bela Tarsila: refletindo sobre padrões de beleza 133
Um flash na natureza 141
Minha camiseta 153
A vida pintada no muro 159
Iberê Tristonho 164

Palavras Finais 173

Referências Bibliográficas 177

Apresentação

Existem inúmeros trabalhos que buscam pesquisar, conhecer e mostrar as características da infância contemporânea, quais aspectos interferem na sua constituição e como ela vem sendo concebida, bem como seu desenvolvimento. A instituição escolar, um dos cenários de construção da cultura, permeia parte da socialização infantil. Sabemos que essa construção era constituída num sentido de mão única, de forma que a criança apenas reproduzia o que já estava instaurado.

Hoje, considera-se que as crianças também produzem cultura mediante suas interações, suas vivências, suas relações nos espaços de convivência. Portanto, é emergente criar espaços educativos que possibilitem às crianças adquirirem cultura através de suas interrelações.

Nessa perspectiva, Luciana Borre Nunes nos presenteia com o livro "As Imagens que Invadem as Salas de Aula: Reflexões sobre Cultura Visual", o qual teve sua origem na Dissertação de Mestrado, apresentada no Programa de Pós-graduação da PUCRS, para obter o título de Mestre em Educação, processo que tive a felicidade de orientar.

A autora teve a originalidade de abordar a temática da cultura visual no ambiente escolar, destacando a contribuição das imagens na composição dos olhares sociais e da produção de subjetividades nos sujeitos envolvidos. Essas imagens contribuem para a composição dos olhares sociais, através dos quais percebemos as diversas identidades e representações socioculturais.

Ao longo de sua construção, Luciana realiza constantes indagações provocadas por suas vivências como educadora, preocupada com a formação dos seus alunos. Ao final, numa visão prospectiva, apresenta interessantes propostas didático-pedagógicas, que revelam como trabalhar com alunos no ensino fundamental em artes visuais, a partir do próprio referencial exposto e contribuindo para uma prática que utilize elementos importantes da cultura visual infantil.

Pensar a prática pedagógica e o papel da escola na formação de nossas crianças nos leva a crer o quão necessário é trabalhar temáticas relacionadas a valores e costumes, além de inserir aspectos da subjetividade, que promovem uma inter-relação saudável na sala de aula. Todos esses aspectos são fundamentais para serem trabalhados em contextos educativos. Como exemplo, as atividades que envolvam a questão do sorriso em nossa cultura e a importância que uma discussão acerca desse tema traz para as pessoas constituírem sua subjetividade e serem pessoas mais reflexivas. Essa possibilidade no meio educativo enaltece a seriedade e rigorosidade do trabalho aqui apresentado por Luciana Borre Nunes.

Para concluir, considero que esta obra pode servir de subsídio relevante à prática educacional, bem como promover novas pesquisas e trabalhos que representem avanços no contexto brasileiro educacional.

Dra. Bettina Steren dos Santos

Palavras Iniciais

Diversas instâncias de minha vida contribuíram, significativamente, para que hoje minhas reflexões e práticas na área da educação estejam voltadas ao ensino e à aprendizagem das artes visuais nas escolas. Meu âmbito familiar e a instituição escolar na qual estive inserida alicerçaram importantes construções em minha subjetividade, como alguém supostamente portadora de dons artísticos e com uma "criatividade inata". Penso que talvez tenha sido produzida, descoberta ou pelo menos instigada uma identidade artística que atualmente permeia minhas atividades reflexivas de pesquisa e profissionais, motivando-me a investigar e abordar um assunto relacionado à Arte/Educação.

Durante o curso de Pedagogia, no nível de graduação, vivenciei os primeiros contatos na área dos Estudos Culturais em Educação alicerçados pelas concepções pós-estruturalistas. Desde então, esse caminho reflexivo tem me envolvido de maneira singular, sendo inspiração para meus estudos, meus escritos, e para indagações referentes à escola. Esse campo de fértil pensamento provoca-me a deter novos e distintos olhares sobre a produção de subjetividades dos sujeitos envolvidos no processo escolar.

Por esse motivo, o trabalho que desenvolvo com crianças de Séries Iniciais do Ensino Fundamental está repleto de constantes indagações, pois me sinto provocada ao dar-me conta de que também estou contribuindo para a constituição de diversas identidades.

Uma das problematizações que surge nesse contexto está relacionada à realização de atividades artísticas em sala de aula, pois visualizo um grande envolvimento dos estudantes e o relato de aprendizagens (articuladas com outras áreas do conhecimento), e de experiências pessoais que ultrapassam os limites físicos da escola. Muitas falas das crianças relacionam suas experiências estéticas e as habilidades artísticas a "dons" que, geralmente, são característicos das destrezas manuais femininas. Diversos relatos, que atribuem às meninas a agilidade com trabalhos de cunho manual, instigam reflexões para uma tentativa de compreensão sobre a origem de tais concepções e como essas ilustram as representações de ser menina na atualidade. Junto a isso, também há uma significativa "invasão" de imagens nas salas de aula que marcam, por exemplo, a distinção entre brinquedos e personagens dos meninos e das meninas.

Outra inquietação diz respeito à ausência de discussões sobre uma cultura visual no ambiente escolar, embora seja rotineiro encontrá-la, não somente em meio aos estudantes, mas em todas as instâncias da vida. Estamos submersos em uma sociedade imagética, onde somos constantemente produzidos por imagens. As imagens contribuem para a composição dos olhares sociais e através delas percebemos as diversas identidades e representações. Produzimos e interagimos com imagens que expressam aquilo que pensamos sobre as coisas.

Palavras Iniciais

Além disso, as instituições escolares enfrentam dificuldades para atender a demanda de uma geração que está imersa numa cultura visual dinâmica, rápida e marcada pelos avanços tecnológicos. As crianças e os jovens da contemporaneidade estão diante de novas maneiras de agir e de pensar socialmente. Vivenciam a força do mercado de consumo, as relações sociais contemporâneas e os constantes investimentos midiáticos. Com isso, estabelecem relacionamentos diferenciados de outros tempos históricos com as instituições escolares, porque seu contexto social exige maior dinamicidade e conhecimento no manejo das ferramentas tecnológicas e maior reflexão sobre as diferenças no convívio social.

Cotidianamente, os estudantes evidenciam que suas identidades também são construídas por um imenso repertório de imagens. A escola é invadida por mochilas, cadernos e outros materiais escolares decorados pelas imagens dos personagens preferidos das crianças (que muitas vezes não permanecem nessa preferência por mais de três semanas). Essas vivem numa sociedade de consumo, onde as imagens contribuem significativamente para compor o desejo de compra de produtos destinados ao público infantil feminino e masculino. Assim, as salas de aula tornam-se cenários pertinentes a um estudo relacionado à Cultura Visual.

Diante disso, ainda não presenciamos a discussão sobre tais evidências entre os profissionais da educação nas escolas. As práticas escolares adotadas em outros períodos histórico-sociais já não atendem às necessidades que o nosso tempo exige. A escola parece ainda querer manter as mesmas concepções de ensino que já não correspondem às transformações que o âmbito social apresenta. Hernández (2007, p. 38) sugere que a escola deve rever suas práticas educativas para adaptar-se às necessidades dos educandos e que "... todas as concepções e práticas pedagógicas podem e devem ser questionadas. [...] A partir daí é que surge a necessidade de colocar em questionamento as práticas de naturalização que hoje circulam e se mantêm como dogmas na educação".

Vivenciamos a facilidade de acesso a um grande número de informações que são múltiplas e incertas, e isso modifica as relações entre o sujeito e o conhecimento. Essa realidade reconfigura o processo de ensino e de aprendizagem no momento em que já não podemos esperar a centralidade de conhecimentos na escola. Devido a isso, é crescente a necessidade daquilo que Pozo (2002) chama de *Gestão do Conhecimento*, em que a formação dos estudantes deveria estar voltada para sua autonomia (aprendendo a buscar, selecionar e interpretar criticamente as informações) e que, a partir disso, possam produzir contínuas aprendizagens. O mesmo autor (2002, p. 48) afirma que vivemos na sociedade do conhecimento e que, por esse motivo, as atribuições das instituições escolares se modificaram:

> En la sociedad de la información la escuela ya no es la fuente primera, y a veces ni siquiera la principal, de conocimiento para los alumnos en muchos dominios. Son muy pocas ya las primicias informativas que se reservan para la escuela.

As práticas escolares ainda se mostram defasadas, pois procuram constantemente enquadrar seus educandos em uma única linha de formação, sem articular a sala de aula às problemáticas que estão "em alta" em todos os outros campos sociais. Entre essas, encontram-se as artes visuais da contemporaneidade, que através da Cultura Visual, buscam desestabilizar nossos sentidos e provocar diferentes leituras e interpretações. A Cultura Visual contemporânea utiliza as novas ferramentas tecnológicas, como a fotografia digital e a informatização, para promover olhares diferenciados sobre as temáticas do cotidiano.

Relato tudo isso na tentativa de justificar minhas motivações pessoais para o desenvolvimento deste livro, que caminha sobre referenciais ligados à Arte/Educação e Cultura Visual e que faz a tentativa de verificar como as imagens estão presentes nas escolas, contribuindo para produzir subjetividades.

Assim, passo a desenvolver as primeiras marcas deste livro proporcionadas por reflexões acerca dos Estudos Culturais numa perspectiva pós-estruturalista, acreditando que inúmeras contribuições e questionamentos poderão surgir sobre as práticas educativas adotadas nas escolas e sobre os "novos" estudantes que encontramos nas salas de aula. É nesse capítulo que apresento as conceituações sobre constituição de identidades, representações e subjetividades.

Depois, aproprio-me das concepções de arte/educadores, principalmente Fernando Hernández (2000, 2007), para falar sobre as imagens que "invadem" as salas de aula e que, através de uma Cultura Visual, cada vez mais dinâmica, acabam instaurando maneiras de ser e de agir socialmente, constituindo nossas representações sobre o mundo.

Posteriormente, apresento um recorte da minha dissertação *(Meninas são doces e calmas: um estudo de Gênero através da Cultura Visual)* defendida em dezembro de 2008, na Pontifícia Universidade Católica do Rio Grande do Sul. Nesse capítulo apresento considerações sobre como as imagens contribuem para a produção de subjetividades femininas e sobre como as meninas do Ensino Fundamental manifestam suas representações de feminilidade no âmbito escolar.

Por fim, apresento o relato de sete projetos de trabalhos sobre a Cultura Visual desenvolvidos por mim, com crianças da Educação Infantil e de Séries Iniciais do Ensino Fundamental. Com isso, busco comprovar que a Cultura Visual pode ser trabalhada de maneira legítima e significativa nas salas de aula.

1. Primeiras Marcas

As discussões pertinentes neste livro estão sob a luz dos Estudos Culturais em Educação, enfocadas pelas perspectivas pós-estruturalistas, pois acredito que esses campos possam subsidiar as problematizações propostas e contribuir para que essas sejam significativas para a área da Arte/Educação (que problematiza as imagens em nosso cotidiano). Dessa maneira, seguem reflexões acerca da historicidade dos Estudos Culturais em Educação, dos processos discursivos que produzem identidades e da possível desestabilidade de metanarrativas educacionais.

Pensar as imagens através dos Estudos Culturais

Os Estudos Culturais apresentam como concepção primordial a discussão sobre cultura. Estudam as manifestações culturais de grupos sociais que tiveram, ou ainda têm, por um longo período de nossa história, suas vozes silenciadas pela supremacia de grupos considerados hegemônicos. Seus autores enfocam questões referentes à constituição de identidades inseridas em sistemas de representação. Também tratam das relações sociais imbricadas pelo poder e dos artefatos e pedagogias culturais que contribuem para a nossa formação.

Historicamente, a escola apresenta em sua prática educativa um enfoque naquilo que acredita ser uma cultura superior, mostrando a todos os seus educandos a "verdadeira cultura" e os padrões que os estudantes deveriam seguir para alcançar o reconhecimento social. A cultura erudita norteou, durante muito tempo, os trabalhos e os pensamentos pedagógicos. A escola, como detentora do "verdadeiro" conhecimento, era vigente e desconsiderava possibilidades educativas que não atendessem à erudição. Diante disso, os Estudos Culturais apresentam em sua gênese discussões sobre a cultura, legitimando as expressões culturais até então marginalizadas. Repudiam concepções binárias que distinguem alta cultura e baixa cultura, cultura erudita e cultura popular. Costa (2004, p. 23) enfatiza o primordial nos Estudos Culturais: "(...) fica evidente que uma questão central nos Estudos Culturais são as transformações na concepção de cultura". Eles pretendem deslocar concepções naturalizadas e criar espaço para que outros olhares sobre a cultura possam ser legitimados. A mesma autora (2004, p. 13) contribui novamente ao se referir a esse campo de reflexões:

> Sua celebração mais importante provavelmente seja a de celebrar o fim de um elitismo edificado sobre distinções arbitrárias de cultura. Neste sentido, os Estudos Culturais, ao operarem uma reversão nesta tendência naturalizada de admitir um único ponto central de referência para os estudos da cultura, configuram um movimento das margens contra o centro.

1. Primeiras Marcas

O conceito de cultura como "tudo de bom" que a sociedade produziu foi central para a educação moderna até que movimentos de diversos grupos sociais surgiram para combatê-la. Por muito tempo acreditou-se que a educação era o caminho natural para a "conquista" ou "elevação cultural" de um povo, favorecendo assim a visão de que era necessária a busca pelo modelo ideal de cultura civilizada. Dessa maneira, as discussões dos estudos sobre a cultura tornam-se importantes para a ressignificação de uma tradição escolar que ainda acredita e trabalha com uma suposta cultura erudita em detrimento da chamada cultura popular. Veiga-Neto (2003, p. 11) amplia esse aspecto histórico dos Estudos Culturais ao dizer que:

> Foi só nos anos 20 do século passado que começaram as rachaduras mais sérias no conceito moderno de cultura. Os primeiros ataques vieram da antropologia, da linguística e da filosofia; e logo parte da sociologia também começou a colocar em questão a epistemologia monocultural. Mais recentemente, a poloticologia e especialmente os Estudos Culturais foram particularmente eficientes no sentido de desconstruir – ou, às vezes, no sentido até de detonar – o conceito moderno e nos mostrar a produtividade de entendermos que é melhor falarmos das culturas em vez de falarmos em cultura.

Os Estudos Culturais surgiram em meados do século XX, período pós-guerra, nos países britânicos, principalmente na Inglaterra, com posterior expansão para os EUA, Austrália e Canadá. O movimento trouxe reviravolta nas concepções sobre cultura, pois questionava a centralidade de uma cultura que deveria ser almejada por todos os grupos sociais. Costa (2003, p. 36) contribui ao dizer que: "Cultura deixa, gradativamente, de ser domínio exclusivo da erudição, da tradição literária e artística, de padrões estéticos elitizados e passa a contemplar, também, o gosto das multidões".

Partindo da afirmação de Silva (1999, p. 115): "O currículo existente está baseado numa separação rígida entre 'alta' cultura e 'baixa' cultura, entre o conhecimento científico e conhecimento cotidiano", pode-se dizer que o binarismo que distingue alta cultura e baixa cultura, cultura erudita e cultura popular passa a não ser tão natural nos meios sociais, principalmente nas instituições perpassadas pelos Estudos Culturais.

A principal atribuição dos Estudos Culturais talvez esteja na reflexão ou desmistificação de uma tendência naturalizada de admitir um único referencial para os estudos da cultura. Por isso, inúmeros grupos sociais, como os negros, as mulheres e a classe operária iniciaram discussões sobre suas atribuições na sociedade. Eles passaram a não aceitar o domínio de uma classe considerada superior e uma suposta submissão. Através de reivindicações, questionamentos e atos públicos esses grupos trouxeram para a discussão social as suas expressões, seu modo de viver e de agir.

A institucionalização dos Estudos Culturais aconteceu em 1964, na Universidade de Birmingham, na Inglaterra. Seu primeiro diretor foi Richard Hoggart que, oriundo da classe operária inglesa (histórico pouco comum para a época), buscou introduzir discussões sobre a chamada baixa cultura na universidade.

Nelson (1995, p. 23) expõe que: "O momento institucional crucial é a fundação do *Centre for Contemporary Cultural Studies at Birmingham*, em 1964, com Hoggart

1. Primeiras Marcas

como diretor. Hall sucedeu-o em 1969 e permaneceu como diretor por uma década". Richard Johson, seguido por Jorge Larrain, sucedeu Hall na direção do Centro. A institucionalização dos Estudos Culturais foi determinante para sua significativa expansão. Os projetos desse Centro incluíam a publicação de uma revista e de diversos livros, e a promoção de cursos. Inicialmente, as discussões giravam em torno das temáticas sobre o racismo e a hegemonia cultural. No entanto, o movimento feminista logo fez com que os Estudos Culturais repensassem sobre noções de subjetividades, política, gênero e posteriormente raça, etnia e pós-colonialismo.

Os principais autores e obras "fundadoras" foram: Richard Roggart com *The use of literacy* (1957), Richard Johnson, Raymond Willians com *Culture and Society* (1958), Edward Thompson com *The making of the English Working-class* (1963) e Stuart Hall (COSTA, 2004). Todos eles são oriundos de classes operárias e foram uns dos primeiros estudantes a ingressarem em instituições da elite universitária britânica, conforme relata Costa (2004, p. 18):

> As obras consideradas pioneiras nos Estudos Culturais contemporâneos foram produzidas por autores provenientes de famílias de classe operária, e que estiveram entre os primeiros estudantes desse segmento, cujo acesso às instituições de elite da educação universitária britânica foi possibilitado pelo paulatino processo de democratização. Surgidos no período pós-guerra, esses estudos falavam de um lugar diferente daquele ocupado pelos autores da tradição levisista, ou seja, analisavam a cultura popular como integrantes dela e não como quem a olha a distância, cautelosamente, sem qualquer ponto de contato.

Os Estudos Culturais expandiram-se de maneira significativa e diversos países apropriaram-se de suas concepções, atribuindo diversas versões nacionais, como é o caso dos Estudos Culturais Latinos. Mesmo dentro dessas versões, eles se subdividiram em perspectivas teóricas e influências, como o feminismo (SILVA, 1999).

A autora Schulman (2006, p. 202) apresenta importante contribuição ao mostrar alguns pontos referentes ao início das reflexões dos Estudos Culturais em uma instituição acadêmica e ao visualizar sua significativa expansão:

> Os Estudos Culturais de Birmingham, como vimos, estavam pensados para preencher um vazio intelectual (e político) numa sociedade altamente estratificada, cujo sistema de ensino superior estava construído de acordo com as linhas disciplinares tradicionais. [...] De fato, desde o início dos anos 60, os Estudos Culturais tornaram-se um movimento internacional, com revistas, conferências, associações profissionais, com cursos acadêmicos em muitas faculdades e universidades.

As discussões propostas pelos Estudos Culturais correspondem a um campo de "luta" e de questionamentos intensos. Procuram, de forma bastante especial, falar sobre as expressões culturais marginais (aquelas que estão fora das discussões acadêmicas) e sobre os grupos minoritários com representações pouco ou não legitimadas.

Esses estudos assumiram a cultura considerada inferior e de massa. Buscavam as manifestações culturais daqueles que eram vistos como portadores de expressões não dignas de serem estudadas anteriormente e, por isso, não presentes nas reflexões acadêmicas. Sendo assim, os Estudos

1. Primeiras Marcas

Culturais queriam falar sobre aqueles que, supostamente, ainda deveriam adequar-se à cultura hegemônica para obter legitimação.

Os Estudos Culturais acolhem os infames, ou seja, aqueles que não têm fama, a cultura da massa, os que precisam adaptar-se para ganhar voz, os que têm suas expressões culturais negadas e silenciadas durante a história. Mas quem são esses? Quem representa a cultura de massa? Para cada contexto social encontraremos grupos diferentes e esses percebem nos Estudos Culturais uma oportunidade para que suas vozes sejam escutadas. Tais grupos buscam muito mais do que o respeito para com sua cultura, procuram a legitimação, a valorização perante outras culturas e a visibilidade.

No Brasil, as discussões propostas pelos Estudos Culturais em Educação foram trazidas através de traduções realizadas, principalmente, por Silva (1995 e 1999). As pesquisas nesse campo têm-se desenvolvido sobre temáticas diversificadas. Entre elas são encontrados assuntos relacionados à etnia e raça, sexualidade, gênero, indígenas, natureza, infância, portadores de necessidades especiais, entre outros. Essas vozes buscam a legitimação de suas expressões e não querem mais serem vistas como inferiores a uma cultura hegemônica. Querem falar de si mesmas e atribuir denominações próprias. Através dos Estudos Culturais buscam argumentos para desnaturalizar concepções que defendem uma única percepção de verdade e para deslocar significados arraigados.

No contexto da educação, pretendem refletir sobre questões referentes à escola e sobre tudo aquilo que implica na constituição dos sujeitos envolvidos. Buscam questionar as práticas educativas e ressignificá-las através de constantes análises e problematizações. Percebem que diversas temáticas englobam o cotidiano da escola e que, por esse motivo, a seleção que os professores e a equipe diretiva fazem dos assuntos a serem desenvolvidos no ambiente escolar pode ser arbitrária se não questionada constantemente. Costa (2003, p. 56) apresenta importante apreciação sobre a influência direta dos Estudos Culturais na educação brasileira:

> Entre nós, no Brasil, as contribuições mais importantes dos Estudos Culturais em Educação parecem ser aquelas que têm possibilitado: a extensão das noções de educação, pedagogia e currículo para além dos muros da escola; a desnaturalização dos discursos de teorias e disciplinas instaladas no aparato escolar; a visibilidade de dispositivos disciplinares em ação na escola e fora dela; a ampliação e complexificação das discussões sobre identidade e diferença e sobre processos de subjetivação. Sobretudo, tais análises têm chamado a atenção para novos temas, problemas e questões que passam a ser objeto de discussão no currículo e na pedagogia.

Pensar sobre as imagens que estão presentes em nosso cotidiano sob a luz dos Estudos Culturais pressupõe um olhar atento e reflexivo diante de uma Cultura Visual, que contribui para a formação de nossas representações e que, portanto, tem muito a revelar sobre nossos relacionamentos sociais. Os Estudos Culturais compõem um campo reflexivo que não se encontra definido e que acolhe as novas indagações propostas pela Cultura Visual, pois seus assuntos e temáticas podem mudar de acordo com o contexto social. Não tem uma definição ou uma narrativa única, como relata Nelson (1995, p. 11): "Os Estudos Culturais precisam con-

1. Primeiras Marcas

tinuar abertos a possibilidades inesperadas, inimaginadas ou até mesmo não-solicitadas. Ninguém pode esperar controlar esses desdobramentos".

Os Estudos Culturais problematizam situações usuais, que estão acontecendo e merecendo discussão. Também não pretendem permanecer somente no campo das discussões, mas acreditam que é através dessas que as transformações ocorrerão. Procuram mudanças que sempre podem ser reconfiguradas. Nelson (1995, p. 17) contribui novamente afirmando que: "Os Estudos Culturais acreditam, pois, que a prática importa, que se espera, que seu próprio trabalho intelectual possa fazer uma diferença. Mas suas intervenções não são garantidas; não se esperam que elas durem para sempre". Não buscam mudanças bruscas, mas também têm a intenção de interferir no que é comumente aceito como natural, pois no momento em que certa situação é analisada já se criam mecanismos de transformações.

No artigo "Pós-marxismo e estudos culturais" a autora Mc Robbie (1995) destaca que, em sua origem, os Estudos Culturais britânicos apropriavam-se de concepções marxistas. No entanto, o constante questionamento ao reducionismo e ao economicismo da superestrutura social fizeram com que houvesse uma ruptura aos pensamentos de Marx. A mesma autora (1995, p. 42) refere-se a essa ruptura dizendo que: "A desconstrução e o movimento de afastamento das oposições binárias, incluindo a dos inícios e dos finais absolutos, podem ser vistos aqui como uma abertura para uma nova forma de conceptualizar o campo político e criar um novo conjunto de métodos para os Estudos Culturais".

A concepção de uma sociedade capitalista, dividida por classes e com tensões entre dominados e dominadores, já não atendia às necessidades desse campo de reflexão. Dessa maneira, por volta de 1980, muitos autores rompem com o marxismo para contemplarem e se basearem nas perspectivas pós-estruturalistas através, por exemplo, de Foucault e Derrida (SILVA, 1999).

Questionar, repensar e ressignificar são palavras-chave para visualizar o princípio dos Estudos Culturais. Esses são, atualmente, perpassados por concepções pós-estruturalistas que compreendem que os sujeitos são constituídos no interior de relações sociais imbricadas pelo poder. Dessa maneira, o próximo item tem o propósito de elucidar ainda mais a base teórica dessa obra, evidenciando o possível momento histórico no qual transitamos.

Desestabilizando metanarrativas educacionais

Durante muito tempo (modernidade), a escola foi detentora dos conhecimentos considerados "verdadeiros". A ela era atribuída a função de tornar os sujeitos críticos, autônomos, emancipados e conscientes, sendo considerada o caminho para a conquista da harmonia social e libertação do homem. Procurava-se a igualdade entre as pessoas e a resistência a todas as formas de dominação. A escola embarcava como uma das possibilidades reais de transformação e ascensão social.

Nossa formação intelectual e profissional aconteceu nesses moldes, porque procuramos e esperamos rápidas e grandiosas modificações sociais. Queremos que as respostas às nossas inquietações (por exemplo, os problemas que a

1. Primeiras Marcas

escola enfrenta na atualidade) sejam alcançadas com agilidade. Essas concepções causam dificuldades para enfrentar, tanto no meio social quanto na vida privada, as intensas e profundas mudanças culturais, sociais, econômicas e políticas em que estamos mergulhados. Dessa maneira, todo aquele pensamento progressista moderno demonstra ser distante da realidade, principalmente no que se refere à área da educação. Silva (1999, p. 112) novamente contribui ao argumentar sobre alguns pontos relacionados às instituições escolares:

> Nossas noções de educação, pedagogia e currículo estão solidamente fincadas na Modernidade e nas ideias modernas. A educação, tal como a conhecemos hoje, é a instituição moderna por excelência. Seu objetivo consiste em transmitir o conhecimento científico, em formar um ser humano supostamente racional e autônomo e em moldar o cidadão e a cidadã da moderna democracia representativa. É através desse sujeito racional, autônomo e democrático que se pode chegar ao ideal moderno de uma sociedade racional, progressista e democrática. Nesse sentido, o questionamento pós-modernista constitui um ataque à própria ideia de educação.

Nesse contexto, a Idade Contemporânea serve de palco para a pós-modernidade. As intensas transformações que acabariam com as injustiças e com a dicotomia entre classes sociais não aconteceram como previa a modernidade. Educadores, em geral, sentem-se frustrados por não alcançarem soluções para problemas recorrentes nas instituições de ensino, como a falta de recursos físicos e humanos. A escola não foi detentora de mudanças significativas na vida da população. É nesse ponto que a pós-modernidade entra para questionar tudo aquilo que era dito como único e verdadeiro. Ela problematiza as atribuições da escola na formação de seus alunos e pensa sobre as grandes verdades sociais inseridas nesse ambiente, as chamadas metanarrativas e micronarrativas[1] educacionais.

A partir de meados do século XIX foram se acumulando algumas fraturas no amplo paradigma da modernidade. O surgimento de novos estados de pensamento passou-se a denominar pós-modernidade. Fala-se em tendência, perspectiva ou condição pós-moderna devido à multiplicidade de novos olhares e novos pensamentos em diversas áreas, como na literatura, na arte, na arquitetura e no cinema (VEIGA-NETO, 1996). Não é um movimento que busca uma linha única de pensamento, mas que abarca diversos questionamentos sobre o que era considerado verdade. O pós-modernismo não é o antimodernismo, ele tenta ir além, transcender o pensamento moderno sem querer colocá-lo abaixo. Abandona aspectos da modernidade, embora muitos permaneçam. Procura transformar e desconstruir sem modificar bruscamente. Chama a atenção para novos elementos de discussão e transita por diferentes campos, como a política, a economia, a religião, a educação, a arte, a literatura.

Silva (1999, p. 111) afirma que: "O chamado pós-modernismo é um movimento intelectual que proclama que estamos vivendo uma nova época histórica, a Pós-modernidade, radicalmente diferente da anterior, a Modernidade".

---

[1] Metanarrativas e micronarrativas referem-se às concepções educacionais tomadas como verdadeiras, únicas e generalizadas. Como exemplo, apresento uma "verdade" bastante corriqueira nas escolas: dizer que as dificuldades de aprendizagem de um aluno são originadas pela negligência familiar.

1. Primeiras Marcas

Hernández (2000, p. 122) também contribui ao dizer que: "A pós-modernidade constitui-se numa situação social na qual a vida econômica, política, de organização e inclusive pessoal se organiza em torno de princípios muito diferentes dos da modernidade".

O pós-moderno, diante de "verdades" como: *a educação é a única fonte de transformação social*, ou, *o aluno não aprende porque sua família está desestruturada!*, propõe-se a duvidar. Pergunta-se: será? Por quê? Quem disse isso? Por que disse?

O pós-modernismo não representa uma oposição ao moderno, mas tenta reconfigurar a rede social que determina padrões de comportamento. Avança nas discussões sobre o que é concebido como natural e opõe-se aos binarismos que constituem a modernidade. Ele é simplesmente complexo e resiste a uma explanação redutiva e simplista. Não é um conceito ou sistema de ideias, nem movimento social ou cultural unificado (VEIGA-NETO, 1996). O pós-modernismo rege atualmente os Estudos Culturais, embora pretenda ser mais amplo. Questiona as grandes verdades que constituem nossa sociedade. Problematiza tudo aquilo que durante muito tempo se acreditou como único e verdadeiro. Concepções sociais inquestionáveis são colocadas em dúvida. Duvidar e questionar são ações pertinentes ao pós-moderno. Veiga-Neto (1996, p. 30) contribui:

> Assim, para o pensamento pós-moderno não há uma perspectiva privilegiada a partir da qual possamos ver e entender melhor a nossa realidade social, cultural, econômica, educacional etc. [...] Bem ao contrário, para o pós-moderno o que interessa é problematizar todas as nossas certezas, todas as nossas declarações de princípios. Isso não significa

que se passe a viver num mundo sem princípios, em que vale tudo. Isso significa, sim, que tudo aquilo que pensamos sobre nossas ações e tudo aquilo que fazemos tem de ser contínua e permanentemente questionado, revisado e criticado.

A pós-modernidade perpassa diversos campos sociais, mas algumas questões específicas à área educacional são pertinentes: como a pós-modernidade tem se apresentado nas escolas? Como ela tem sido percebida por educadores e demais envolvidos no processo educativo escolar? Será que os alunos e as alunas da contemporaneidade estão evidenciando novas representações sociais?

Avançando nas discussões, passo a trabalhar com um dos principais pontos de problematização e análise situados dentro do pós-modernismo: o pós-estruturalismo. Esse percebe a linguagem como determinante na formação dos sujeitos e procura, nos diferentes discursos e narrativas, a reflexão para compreender nossa constituição. Acredita, pois, que a linguagem determina maneiras de ser e de agir e que tudo que é falado modela a constituição dos indivíduos. Nessa concepção não interessa se algo é verdadeiro, mas como se tornou verdadeiro. Silva (1999, p. 117) apresenta alguns pontos de diferenciação entre pós-modernismo e pós-estruturalismo:

> O pós-estruturalismo é frequentemente confundido com o pós-modernismo. Há análises que simplesmente não fazem qualquer distinção entre os dois. Embora partilhem certos elementos, como, por exemplo, a crítica do sujeito centrado e autônomo do modernismo e do humanismo, o pós-estruturalismo e o pós-modernismo pertencem a campos epistemologicamente diferentes. Diferentemente do pós-estruturalismo, o pós-modernismo define-se relativamente a uma mudança de época. Além disso, enquanto o pós-

1. Primeiras Marcas

-estruturalismo limita-se a teorizar sobre a linguagem e o processo de significação, o pós-modernismo abrange um campo bem mais extenso de objetos e preocupações.

O pós-estruturalismo incorpora concepções estruturalistas ao mesmo tempo em que as transcende. Ambos partilham "a mesma ênfase na linguagem como um sistema de significação" (SILVA, 1999, p. 119), embora o pós-estruturalismo faça o trabalho de problematizar as estruturas fixas e rígidas concebidas pelo estruturalismo. Chanda (2005, p. 71) apresenta a arte egípcia como um exemplo do estruturalismo na área de artes, pois essa manifestação cultural foi marcada por narrativas que determinavam características comuns nas produções artísticas desse grupo e que acabavam por evidenciar informações sobre o modo de viver e de conviver dos egípcios. Uma análise numa abordagem pós-estruturalista questionaria as interpretações dadas à arte do Egito antigo e repensaria as histórias narradas sobre esse povo. Diante disso, questiono: quais os discursos que contribuem para a composição de nossas representações? Como tudo aquilo que falam sobre nós acaba realmente consolidando modos de ser e de agir socialmente?

Dessa maneira, o campo da linguagem passa a ter relevância para se pensar sobre como determinadas crenças ganham valor de verdade. A linguagem não é simplesmente a expressão de pensamentos, mas sim, o próprio processo de produção de pensamentos. A chamada *virada linguística* foi um marco na pós-modernidade, pois se constituiu como uma reviravolta nas formas de entender a nossa formação, apresentando discussões relativas à linguagem como formadora de conhecimentos e de sujeitos. A *virada linguística* tornou-se um marco para reflexões pós-estruturalistas por representar o grande impulso dado à Filosofia da Linguagem no final do século XX e com grandes projeções para o século XXI. Segundo Veiga-Neto (1996, p. 29): "A virada linguística se constitui exatamente na mudança para um novo entendimento sobre o papel da linguagem, a saber, de que os enunciados têm suas regras próprias, de modo que não temos, sobre os discursos, o controle que pensávamos ter". Com isso, ocorre o declínio das relações binárias que apostavam, por exemplo, que o bem é oposto ao mal ou que cultura popular é oposta à cultura erudita.

Nesse contexto, surge a conceitualização acerca da relação poder/saber. O poder está diretamente ligado ao conhecimento e é algo constante no cotidiano. O conhecimento determina as relações sociais e está presente em todas as instâncias da vida, e mais, todos somos parte viva nessa intensa cadeia na qual o poder emerge. Sofremos e exercemos o poder em todas as circunstâncias, mesmo que seja de maneira diferenciada. Por exemplo: a escola torna válidos determinados saberes. Os conteúdos são pré-estabelecidos, pois a escola detém o poder de legitimar e valorizar certos assuntos que serão trabalhados. A ela é atribuída a função social de conhecer o que deve ser ensinado. Com isso exerce o poder ao mesmo tempo em que os alunos também o exercem ao resistirem (de formas explícitas, implícitas, conscientes ou inconscientes) ao que é determinado.

Por que a escola escolhe certos assuntos para serem abordados nas salas de aula em detrimentos de outros? Quem determina isso? Por quê? O poder está em tudo e em todos e se instaura através dos discursos estabelecidos como verdadeiros. Outro exemplo elucida essas questões: se o professor, com dificuldades para ministrar suas aulas devido à

1. Primeiras Marcas

"indisciplina" da turma, afirma que estudar as fórmulas da física é muito importante para a vida cotidiana dos estudantes, esse discurso está legitimado, pois um profissional da educação assim o proclamou. No entanto, essa fala pode ser questionada pelos alunos, que também estarão exercendo o poder. O poder é um modo de ação sobre sujeitos livres, pois se não há liberdade de resistência não há poder e sim dominação.

O poder nem sempre é negativo, malfeitoso e opressor. Ele está em todas as relações e pode produzir aspectos positivos. Seguindo no exemplo citado anteriormente, se os alunos questionam o professor e esse passa a refletir sobre suas falas e, juntos, decidem melhorar as aulas subsequentes, essa é uma relação de poder que se manifestou produtivamente.

A linguagem, circunscrita nas articulações entre o conhecimento e as relações de poder, constitui o referencial dessa obra no que se refere à produção de identidades. Partindo dessa abordagem dos Estudos Culturais numa perspectiva pós-estruturalista, passo a problematizar sobre a constituição de nossas representações através da intensa "teia" narrativa na qual estamos submersos e que apresenta em sua composição visual um rico arsenal de significações sociais.

Imagens e processos discursivos na produção de identidades

Transcendendo ao que o período da modernidade acreditava, a identidade é construída nas relações sociais, pois somos produzidos por nossa família, pela escola, pela mídia, pela religião, pelo círculo de amizades, pela música, pelas imagens e por toda a rede de relações na qual estamos inseridos. Somos constituídos pelos aspectos culturais de nossos grupos de convivência e acabamos por reproduzir suas maneiras de agir e de pensar. Vivemos influenciados por uma identidade cultural local, perpassada por questões de nível global. Silva (2000, p. 97) amplia a significação sobre a identidade ao dizer que somos sujeitos culturais:

> A identidade não é fixa, estável, coerente, unificada, permanente. A identidade tampouco é homogênea, definitiva, acabada, idêntica, transcendental. Por outro lado, podemos dizer que a identidade é uma construção, um efeito, um processo de produção, uma relação, um ato performativo... A identidade está ligada a estruturas discursivas e narrativas. A identidade está ligada a sistemas de representação. A identidade tem estreitas conexões com relações de poder.

As concepções sobre identidade passam por transformações, pois se entende que sua formação é perpassada por inúmeros aspectos mutáveis ligados a idade, gênero, sexualidade, raça e etnia, classe social, religião, preferências esportivas. A necessidade do sentimento de pertencimento cultural faz com que nossas identidades se modelem conforme características do grupo social almejado. Ao mesmo tempo, também apresentamos identidades híbridas porque a interação em nível local e global favorece a influência de diferentes manifestações culturais. Diante disso, quanto mais conhecermos as histórias dos indivíduos, mais perceberemos que as identidades nunca serão homogêneas e sim complexas e não acabadas. Visualizar, por exemplo, o processo histórico da relação homem/mulher em

1. Primeiras Marcas

diferentes grupos culturais, torna-se importante para compreendermos e problematizarmos como as identidades femininas foram produzidas ao longo do tempo por heranças culturais que determinam suas maneiras de agir e de pensar.

Stuart Hall (2005), em sua obra "A identidade cultural na pós-modernidade", destaca que as identidades estão sendo intensamente discutidas no campo social e que antigas concepções sobre esse tema estão sendo desveladas. Dessa maneira, o sujeito visto com uma identidade única e imutável está sendo constantemente desmistificado. O autor também aponta que o sujeito pós-moderno é constituído por várias identidades que sempre estão se modificando e que isso transcende a uma concepção de sujeito do iluminismo (o indivíduo está centrado em si, na razão, na individualidade) e de um sujeito sociológico (é formado na relação, na interação entre o eu e a sociedade).

Não é uma tarefa fácil descrever a historicidade sobre as noções de formação do sujeito. Hall (2005) relata tal afirmação, mas realiza um breve mapeamento para iniciar uma discussão sobre noções de identidade e de sujeito na pós-modernidade, destacando cinco grandes avanços da teoria social e das ciências humanas durante a segunda metade do século XX, cujo maior efeito foi o descentramento do sujeito cartesiano. Para o mesmo autor as cinco rupturas da concepção de sujeito, visto como o centro do conhecimento, foram: as tradições do pensamento de Marx, a descoberta do inconsciente de Freud, as teorias linguísticas de Saussure (a utilização de uma língua não significa apenas expressar pensamentos originais, mas reproduzir um sistema social repleto de significados), os escritos de Foucault sobre o poder e os impactos do feminismo e de outros movimentos de diferentes grupos sociais.

Visitar esse breve apanhado histórico contribui para que possamos compreender que um novo paradigma sobre a constituição do sujeito emerge e que problematizar isso se torna relevante para pensarmos o processo educacional. Isso acontece porque, se acreditarmos que o sujeito é formado nas interações sociais e que essas apresentam múltiplas identidades, estaríamos inferindo que as instituições escolares já não apresentam um *status* de detentora de conhecimentos "verdadeiros". E, ainda, que suas práticas não determinam com exclusividade a formação social dos alunos, nem estão separadas de um contexto social mais amplo. Nessa perspectiva, as práticas educativas apresentariam novos olhares diante de sujeitos que aprendem através de inúmeros meios e que manifestam diversas identidades em suas convivências. Educadores e educadoras também não deixariam de refletir sobre a conexão dos estudantes, cada vez mais rápida, com informações locais e globais. A relação entre tempo e espaço se reconfigurou, possibilitando interações cada vez mais diversificadas.

Se na modernidade a identidade era vista como fixa e estável, hoje ela é sempre questionada e está em constante mudança, pois sendo relacional, modela-se com as transformações sociais. O que somos ou acreditamos hoje pode não ser o que seremos ou o que acreditaremos amanhã, ou até mesmo em uma fração de segundos posterior. Hall (2005, p. 13) afirma que: "Dentro de nós há identidades contraditórias, empurrando em diferentes direções, de tal modo que nossas identificações estão sendo continuamente deslocadas".

Ao avançar nessas reflexões se torna importante compreender que os sentidos e as interpretações que damos aos mais diversos acontecimentos estão situados em sistemas de representação. O conceito de "representação" se refere a um processo cultural que estabelece nossas identidades individuais e coletivas. Diz respeito ao que pensamos sobre as coisas e como nos comportamos diante das mais variadas situações. Woodward (2000, p. 18) relata que "(...) a produção de significados e a produção de identidades que são posicionadas nos (e pelos) sistemas de representação estão estreitamente vinculadas".

O conceito de representação pode apresentar inúmeros significados em diferentes áreas do conhecimento. No entanto, para o pós-estruturalismo "a representação é concebida como um sistema de significação" (SILVA, 2000, p. 90). O mesmo autor afirma que: "A representação não é, nessa concepção, nunca, representação mental ou interior. A representação é, aqui, sempre marca ou traço visível, exterior" (SILVA, 2000, p. 90).

Woodward (2000, p. 17) amplia a compreensão sobre os sistemas de representação ao dizer que:

> A representação inclui as práticas de significação e os sistemas simbólicos por meio dos quais os significados são produzidos, posicionando-nos como sujeito. É por meio dos significados produzidos pelas representações que damos sentido à nossa experiência e aquilo que somos. Podemos inclusive sugerir que esses sistemas simbólicos tornam possível aquilo que somos e aquilo no qual podemos nos tornar. A representação, compreendida como um processo cultural estabelece identidades individuais e coletivas.

As representações denunciam os sentidos que damos às coisas, pois as concretizamos através de nossas falas, gestos e ações, mesmo que de maneira informal e corriqueira. A todo momento expressamos nossas percepções do mundo e isso acaba por influenciar outros sujeitos da mesma maneira que fomos influenciados. Essa dinâmica é constante. Silva (2000, p. 91) ressalta esse aspecto ao dizer que: "a representação é um sistema linguístico e cultural: arbitrário, indeterminado e estreitamente ligado a relações de poder". O mesmo autor (2000, p. 93) ilustra uma situação na qual os sentidos são produzidos através da linguagem:

> Em geral, ao dizer algo sobre certas características identitárias de algum grupo cultural, achamos que estamos simplesmente descrevendo uma situação existente, um "fato" do mundo social. O que esquecemos é que aquilo que dizemos faz parte de uma rede mais ampla de atos linguísticos que, em seu conjunto, contribui para definir ou reforçar a identidade que supostamente apenas estamos descrevendo. Assim, por exemplo, quando utilizamos uma palavra racista como "negrão" para nos referir a uma pessoa negra do sexo masculino, não estamos simplesmente fazendo uma descrição sobre a cor de uma pessoa. Estamos, na verdade, inserindo-nos em um sistema linguístico mais amplo que contribui para reforçar a negatividade atribuída à identidade "negra".

Os sentidos são criações discursivas. Cada discurso carrega maneiras particulares de compreensão do mundo e está imerso num jogo constante de atribuições de valores. Silva (1995, p. 199) fala sobre a composição de identidades através das formações discursivas:

> A representação é, pois, um processo de produção de significados sociais através dos diferentes discursos. Os significados têm, pois, que ser criados. Eles não pré-existem como coisas no mundo social. É através dos significados, contidos nos diferentes discursos, que o mundo social é representado e conhecido de uma certa forma, de uma forma bastante particular e que o eu é produzido. E essa "forma particular" é determinada precisamente por relações de poder.

1. Primeiras Marcas

Nossa consciência de mundo e de nós mesmos é refletida pela linguagem utilizada em cada época nos grupos sociais, conforme ressalta Hernández (2000, p. 107): "Somos organismos que utilizam a linguagem e não podemos escapar do efeito da influência das práticas discursivas da cultura (do tempo) e do poder que o acompanha, e que repercute em nossas formas de compreender e interpretar os fenômenos sociais".

A íntima relação da identidade com estruturas narrativas e discursivas se refere a compreender que tudo aquilo que é falado sobre determinado assunto transforma esse assunto, e muitas vezes essa transformação é constituidora de maneiras de ser e de agir. Neste momento, exemplifico: por décadas, os afro-descendentes foram narrados pela história como um povo intelectualmente inferior, e sua trajetória no Brasil foi marcada por violência e opressão. Tal discurso, que é sempre caracterizado pelas práticas, constituiu maneiras de pensar sobre o negro e sobre suas manifestações culturais. Diante disso, será que o que pensamos sobre os homossexuais, sobre os índios, sobre as crianças, sobre as mulheres e sobre tantos outros grupos é algo natural? Há a consolidação de algumas verdades e de certos pré-conceitos em relação a esses sujeitos? Como produzimos e reproduzimos marcas culturais?

Inúmeros discursos são utilizados durante um grande período de tempo sem questionamentos e reflexões. Os livros didáticos narraram, através de seus textos, imagens e atividades, a colonização europeia em detrimento da historicidade dos colonizados. Era comum encontrar sessões correspondentes à cultura de Portugal e da Espanha, no que diz respeito a sua literatura, arte, arquitetura, religião, experiências de desbravamentos e aventuras e apenas citações sobre suas colônias. Aventureiros e civilizados eram adjetivos recorrentes, e a ideia de "levar civilidade" aos colonizados foi duradoura. Como tais discursos foram produzidos e consolidados pelo âmbito escolar? Por que contar apenas um olhar sobre uma história que apresenta diversas percepções? Onde estão os olhares silenciados dos colonizados? Como tal discurso adquiriu *status* de naturalidade?

Diante disso, é necessário "sacudir a quietude com a qual aceitamos certos discursos" (FOUCAULT, 2005, p. 28). No trabalho educativo torna-se necessário que certas verdades proferidas, através das forças discursivas, sejam problematizadas. Segundo Foucault (2005, p. 24): "É preciso também que nos inquietemos diante de certos recortes ou agrupamentos que já nos são familiares".

Cada discurso apresenta historicidade, atendendo a condições que pré-existem. Está incluso em períodos e lugares específicos, afinal "...não se pode falar de qualquer coisa em qualquer época" (FOUCAULT, 2005, p. 50). O discurso não é despretensioso e atua na constituição dos sujeitos. Hall (2000, p. 109) apresenta importante contribuição a esse respeito ao dizer que: "É precisamente porque as identidades são construídas dentro e não fora do discurso, que nós precisamos compreendê-las como produzidas em locais históricos e institucionais específicos, no interior de formações e práticas discursivas específicas, por estratégias e iniciativas específicas".

Costa (2004, p. 76) apropria-se das noções de poder de Foucault para dizer que os discursos têm materialidade:

> A verdade ou as verdades são coisas deste mundo, constituídas no seio de correlações de forças e de jogos de poder. Aquilo que chamamos de "verdade" é produzido na forma de discursos sobre as coisas do mundo, segundo

regimes regidos pelo poder. Discurso, aqui, não se refere exclusivamente a texto letrado; os discursos têm materialidade: artefatos e práticas também são discursos que nos contam algo.

Veiga-Neto (2005, p. 100) discute sobre a linguagem como componente constituidor de nossas identidades:

> Ao invés de ser vista como a própria essência das coisas ou como representação das coisas, a linguagem passa a ser entendida como constituidora das coisas e, enquanto tal, como próprio objeto de conhecimento. Com isso, o que interessa não é pensar se as coisas têm, ou não, uma essência e/ou uma realidade real, estável e independente de nós, senão é pensá-las no significado que adquirem para nós.

Diante de tudo isso: "O vínculo entre a linguagem e a construção de identidades individuais e sociais é evidente..." (GIROUX, 1995, p. 95). Muitos são os artefatos que produzem e reproduzem discursos. No caso dessa pesquisa, destacam-se as imagens presentes na escola, que com suas narrativas, vinculadas a um sistema mais amplo de significações, produzem maneiras de ser menina em nossa cultura. Ao considerar que nossas representações estão imersas nos emaranhados discursivos, Marzola (2004, p. 93) afirma que "todo discurso, sem exceção, aprisiona".

Para o pós-estruturalismo não interessa se algo é verdadeiro, mas como se tornou verdadeiro. Mas o preocupante é que determinados discursos perduram por um longo tempo, sem nenhum tipo de problematização, perpetuando certezas e verdades. Por esse motivo, compreender como os gêneros são produzidos diz respeito a uma investigação de como alguns discursos na área da cultura visual determinam maneiras de ser menina na contemporaneidade. O discurso não é simplesmente expressão. Está ligado à formação subjetiva dos sujeitos (FOUCAULT, 2005).

"Analisar o discurso é fazer com que desapareçam e reapareçam as contradições" (FOUCAULT, 2005, p. 171). Muito mais do que descrever e analisar as falas e os gestos das meninas, procurei encontrar aquilo "que se dizia no que estava dito" (FOUCAULT, 2005, p. 31), verificando as condições em que certos discursos foram criados e mapeando intenções, ocultamentos, esquecimentos e a própria materialidade das representações femininas.

Neste livro, a pretensão está em analisar a materialidade dos discursos transmitidos pelas imagens para a produção de identidades, e refletir como essas ajudam a tornarem verdadeiras certas atitudes e normas comportamentais dos estudantes. Procuro entender as imagens como uma linguagem que produz sentidos, significados.

2. A Cultura Visual nas Escolas

Ao inferir nossas lembranças ao tema das artes na escola, dificilmente encontraremos relatos que fujam aos incessantes desenhos e pinturas no término de outras tarefas escolares. Mas o que talvez nos deixe intrigados é a atual concepção e práticas, nessa área, aplicadas desde a Educação Infantil até o Ensino Médio, em que as artes são concebidas como um "passatempo" e como um campo complementar da educação formal, tornando-se pano de fundo para o trabalho de outras atividades escolares, tidas como mais importantes. Franz (1995, p. 74), denota esse fato ao dizer que "as artes ocupam, no currículo, um lugar nitidamente marginal, e raramente são consideradas iguais em importância àquilo que uma comissão nacional recentemente chamava 'disciplinas sérias'".

A historicidade da arte no Brasil pode fornecer elementos para uma possível compreensão do fenômeno de depreciação das artes nas escolas, pois por ser considerada erudita, esteve sempre com seu marco referencial em classes com uma conotação "aristocrática" para desfrute e lazer. A arte não condizia com os preceitos populares, não era para todos e sim para aqueles que poderiam desfrutá-la. Alguns pontos da nossa história demonstram que as artes sempre tiveram um papel desprivilegiado no âmbito social, devido a um contexto que valoriza uma formação escolar de interesses econômicos imediatos. Hernández (2000, p. 43) enfatiza esse ponto de discussão ao dizer que:

> Diferentemente do que acontece com matérias provenientes de campos disciplinares de reconhecida presença no currículo, as matérias artísticas necessitam sempre argumentar o porquê de sua inclusão no currículo escolar. Entre outras razões, porque continuam parecendo um campo de conhecimento pouco útil diante de outros de garantia comprovada para conformar os elementos ideológicos para os quais a escola contribui.

Mesmo com rupturas importantes, a fase histórica atual no ensino das artes ainda manifesta fortemente as concepções espontaneístas, ocasionando, por exemplo, certa despreocupação pedagógica com as propostas em artes, pois a espontaneidade teria como base atividades de cunho "livre" (com o intuito de não se comprometer com a potencialidade criativa do estudante). Cunha (2002) em sua obra – "Cor, som e movimento: A expressão plástica, musical e dramática no cotidiano da criança" – argumenta que o olhar espontaneísta se refere à crença de que a criança tem "dom" para criar, e por acreditarem nisso, educadores não intervém em suas produções artísticas. A mesma autora (2002, p. 17) ainda problematiza:

> Os adultos, na maioria das vezes, não percebem que a aquisição da linguagem gráfico-plástica se dá de modo gradativo, como em qualquer outra instância do desenvolvimento como a fala e a locomoção. Eles pouco oportunizam situações para que as crianças possam desenvolver seus sentidos, sua imaginação e suas hipóteses sobre como se dão seus processos de aquisição da linguagem visual.

2. A Cultura Visual nas Escolas

As reflexões sobre a arte nas escolas reproduzem o cenário social de ordem mais ampla. Por isso, os rompimentos mais significativos nessa área estão ligados à percepção de que vivenciamos uma nova cultura visual, alicerçada pela utilização e pelo avanço das ferramentas tecnológicas. As imagens dominam o cenário social, apresentando tanto valor quanto a leitura das palavras. Uma imagem tem muito a relatar e a ser interpretada, pois carrega consigo inúmeras mensagens. Mesmo assim, muitas escolas ainda não apresentam esse tipo de reflexão, baseando seu ensino em práticas tradicionais. Hernández (2000, p. 92) apresenta importante contribuição ao argumentar sobre concepções contemporâneas para o ensino das artes visuais:

> O atual planejamento da área de educação visual e plástica destaca a importância da leitura da imagem, da análise e fruição da obra artística e do uso expressivo da representação plástica. A orientação prioritária da atual proposta é educar para saber olhar, analisar e compreender a imagem e ampliar a percepção de representações plásticas e da expressão de sentimentos e ideias. Também se destaca a necessidade de introduzir a análise e reflexão sobre a produção artística com a finalidade de descobrir valores de beleza num objeto.

Diante disso, as reflexões contemporâneas na área das artes visuais apontam para o declínio de certezas absolutas, para a legitimação de expressões culturais até então ocultadas e para a manipulação e reflexão das novas ferramentas tecnológicas. Buscam múltiplos olhares sociais e distintas interpretações sobre aquilo que, muitas vezes, não está explicitado. Assim, a área da Arte/Educação apresenta importantes estudos sobre a chamada Cultura Visual.

As relações sociais estão em constante processo de modificação e os estudantes contemporâneos vivenciam uma diversidade de novos olhares sociais que influenciam diretamente em suas representações (seus modos de ver, de pensar e de agir no mundo). A Cultura Visual rompe com as barreiras de uma educação tradicional, pois propõe diferentes olhares e interpretações sobre as mais diversificadas situações. Usa e problematiza as temáticas e os objetos do cotidiano, porque acredita que os sentidos atribuídos a esses não são únicos e sim mutáveis. Torna-se um campo propício para o desenvolvimento de outros olhares e terreno fértil para que as intensas mudanças sociais estejam presentes nas discussões e nas reflexões de educadores, educadoras e estudantes no âmbito escolar.

As problematizações propostas por uma Cultura Visual numa perspectiva pós-moderna não desconsidera os desafios que a área enfrenta nas escolas. Porém, sua ênfase está em transcender verdades vigentes através de constantes questionamentos, e legitimar ações pedagógicas que possam tornar-se significativas aos estudantes.

As imagens estão presentes em nossa vida cotidiana, constituindo maneiras de perceber o mundo. Por isso o tema central dos debates em Arte/Educação pós-modernos está concentrado nessa mudança cultural, "... tendo a imagem como matéria-prima" (BARBOSA, 2005, p. 98).

A Cultura Visual está em expansão, ultrapassando os limites tradicionais e penetrando o cotidiano. A metodologia de ensino, nessa perspectiva, está concentrada em questionar, explorar e desvendar as experiências culturais dos sujeitos. Procura desencadear reflexões para um processo de ensino e de aprendizagem contextualizado e crítico, problematizando as imagens de maneira reflexiva e construtiva. Hernández

2. A Cultura Visual nas Escolas

(2007) fala sobre a educação através da cultura visual, a partir de quatro grupos de objetivos: *Experienciais* (o que vou aprender a partir de mim mesmo?), *Conceituais* (sobre o que vamos pensar?), *Relacionais* (que conexões vamos explorar e propor?, *De aplicação prática* (o que vamos fazer com tudo isso?).

O mesmo autor (2007) também aponta e problematiza alguns enfoques nos trabalhos com a cultura visual que estão sendo desenvolvidos por educadores nas escolas. São eles: as imagens midiáticas são tratadas como nocivas às crianças e jovens, influenciando-as negativamente através da violência e apelação sexual; professores acreditam que trabalhar criticamente com as imagens tornará os alunos emancipados e prontos para não cair em "armadilhas" ou ilusões, que não serão persuadidos, enganados ou influenciados pelas imagens; educadores colocam ênfase nos prazeres (satisfação) que a cultura visual pode proporcionar aos estudantes; e o enfoque autorreflexivo que propõe inúmeros questionamentos acerca das nossas relações com as imagens.

Diante disso, questionar as artes visuais nas escolas é algo essencial para uma ressignificação de novos olhares sociais. E também, para que questões presentes no cotidiano dos alunos, como raça, etnia, gênero e sexualidade, estejam nos focos dos planejamentos e das discussões em sala de aula, procurando desvelar as práticas e estratégias discursivas vinculadas às manifestações da cultura visual. As reflexões sobre as imagens no cenário social atual ganharam impulso e importância, sendo descontextualizada a falta de problematizações nessa área. Sendo assim, o próximo item abordará a nova Cultura Visual como fator que contribui para modificar, constantemente, nossas representações.

A Cultura Visual constituindo olhares

A amplitude com que as imagens embrenharam-se na vida cotidiana já não pode passar despercebida pelos estudiosos que se preocupam com a Arte/Educação. Exemplo dessa expansão encontramos no mercado editorial de livros infantis, que destaca a publicação de obras com efeitos ilustrativos cada vez mais intensos e com recursos tecnológicos cada vez mais sofisticados.

Sobre isso se torna importante problematizar: por que não trabalhar nas escolas com a arte produzida através de tecnologias contemporâneas? Como a cultura visual produz sentidos nas crianças? Como elas produzem significações através da cultura visual? Como as reflexões sobre a cultura visual podem contribuir para a ressignificação do processo educacional?

Barbosa (2005) ressalta que estudiosos da atualidade indagam como ver, ouvir, aprender e ensinar as artes aliadas às novas tecnologias e que a utilização desse campo como instrumento de mediação cultural é tarefa dos Arte/Educadores contemporâneos.

Através de atividades pedagógicas voltadas para a leitura de imagens, os estudantes começam a perceber as relações que essas desempenham no dia-a-dia. Conseguem, por exemplo, contextualizar, interpretar, produzir e compreender os possíveis sentidos que cada imagem reproduz e como isso se relaciona a suas experiências pessoais. A diversidade de interpretações proporciona o respeito e a compreensão de que existem diferentes olhares sobre uma mesma imagem ou situação. Segundo Pillar (2001, p. 15) a leitura de uma imagem elabora novas e diversas criações interpretativas e apropriações culturais importantes:

2. A Cultura Visual nas Escolas

> Ler uma obra seria, então, perceber, compreender, interpretar a trama de cores, texturas, volumes, formas, linhas que constituem uma imagem. Perceber objetivamente os elementos presentes na imagem, sua temática, sua estrutura. No entanto, tal imagem foi produzida por um sujeito em determinado contexto, numa determinada época, segundo sua visão de mundo. E esta leitura, esta percepção, esta compreensão, esta atribuição de significados vai ser feita por um sujeito que tem uma história de vida, em que objetividade e subjetividade organizam sua forma de apreensão e apropriação do mundo.

A relevância do trabalho com imagens nas escolas diz respeito a compreendê-las como portadoras de representações culturais. Ou seja, a produção e a interpretação de uma imagem reflete o que um sujeito pensa sobre determinado assunto ou situação, denunciando pontos de vista e percepções sobre uma realidade. Por isso, as imagens carregam muito mais do que informações diretas e explícitas. Cao (2005, p. 208) apresenta importante contribuição ao afirmar que: "As imagens não são neutras. Tampouco o olhar que projetamos sobre elas. Não existem imagens denotativas, nas quais não exista um grau retórico de informação. Dito de outra maneira, não existe imagem que somente transmita informação sobre si mesma".

A intensa expansão de informações visuais fomenta um campo de reflexão ao qual se denominou cultura visual, em que as imagens passam a ganhar destaque nas relações sociais e legitimidade como meio de comunicação. Cocchiarale (2006, p. 37) evidencia que o período de industrialização no Brasil contribuiu significativamente para a ampliação da presença das imagens em nosso contexto:

A radicalidade das transformações socioeconômicas introduzidas pelos processos de produção industriais se fizeram sentir muito fortemente na esfera da produção de imagens. Antes restritas à feitura manual, passaram também a serem produzidas a partir de tecnologias como a fotografia, o cinema e, décadas adiante, o vídeo.

Segundo Barbosa (2005) a origem do termo cultura visual data da década de 90, através das publicações de Fernando Hernández[2] que pesquisa sobre os ensinamentos produzidos pelos processos midiáticos. Esse autor (2007, p. 21) fala sobre essa origem ao dizer que os estudos da cultura visual vão além da ampliação de conteúdos a serem desenvolvidos nas salas de aula. Procuram o "alfabetismo visual" em que os sujeitos possam analisar, interpretar, avaliar e criar conhecimentos ligados às imagens:

> Os Estudos da Cultura Visual não constituem uma nova disciplina no campo acadêmico. Os estudos da cultura visual emergem no final dos anos 80 entre o cruzamento de debates propostos pelos saberes da história da arte, estudos cinematográficos, linguísticos, literatura e as teorias pós-estruturalistas e os Estudos culturais. Tendo como principal ponto de convergência a afirmação de que verdades são constituídas pela linguagem.

O trabalho com imagens tornou-se um dos pressupostos para o desenvolvimento de atividades pedagógicas na área da Arte/Educação. Isso acontece porque a cultura visual é um novo campo de ação e de reflexão para a formação dos sujeitos

---

[2] Fernando Hernández é professor da Universidade de Barcelona, Coordenador do Mestrado em Estudos, Projetos de Cultura Visual e do Programa de Doutorado em Artes Visuais e Educação.

envolvidos no contexto escolar. Hernández (2007, p. 22) afirma que "... a expressão cultura visual refere-se a uma diversidade de práticas e interpretações críticas em torno das relações entre as posições subjetivas e as práticas culturais e sociais do olhar".

A Arte/Educação transformou-se juntamente com todos os outros âmbitos sociais. Por isso, Hernández (2000, p. 50) afirma que essas modificações são necessárias para que os estudantes possam analisar reflexivamente a extensa gama de informações disponibilizadas pelos meios tecnológicos:

> Trilhar esse caminho da arte na educação não corresponde a uma moda, mas sim conecta com um fenômeno mais geral que tem a ver com o papel da escolarização na sociedade da informação e da comunicação, e com a necessidade de oferecer alternativas aos alunos para que aprendam a orientar-se e a encontrar referências e pontos de ancoragem que lhes permitam avaliar, selecionar e interpretar a avalanche de informações que recebem todos os dias.

O trabalho com a compreensão da cultura visual busca ir além de um entendimento sobre como as imagens estão presentes no contexto social, e sim, como elas se articulam para produzir nossas percepções de mundo. O objeto de prática, nessa área, se refere a utilizar imagens de diferentes épocas e grupos para traçar um estudo e uma trajetória de compreensão de alguns fatos, tentando revelar aquilo que está ocultado (que não foi dito). Por exemplo, usar as imagens oferecidas por propagandas publicitárias para compreender como o corpo é entendido ao longo de séculos (entender o que se pretende transmitir como valor estético).

Estamos imersos em uma extensa diversidade de imagens e não podemos ignorá-las como constituidoras de imaginários e de subjetividades (como artefato que "afeta" nossas visões e entendimentos do mundo). Hernández (2007, p. 25) contribui ao dizer que:

> Por tudo isso, ao utilizar a expressão cultura visual para sugerir um outro rumo para a educação das artes visuais, defendo que estamos vivendo em um novo regime de visualidade. Uma consequência deste reposicionamento em relação a diferentes práticas educativas (não somente na Escola) é que nos leva a propor a necessidade de ajudar crianças e jovens e também os educadores, a irem mais além da tradicional obsessão por ensinar a ver e a promover experiências artísticas. Em um mundo dominado por dispositivos visuais e tecnologias da representação (as artes visuais atuam como tais), nossa finalidade educativa deveria ser a de facilitar experiências reflexivas críticas.

Os estudantes contemporâneos apresentam vivências visuais diferentes de outras gerações, pois suas experiências são intermediadas por avançadas tecnologias apresentadas pela televisão, pela publicidade, por filmes e vídeos, por jogos eletrônicos e pela internet. A interação dos alunos com as novas tecnologias interfere diretamente nas maneiras que esses se relacionam com o ensino e com a aprendizagem escolar, pois a ênfase das instituições escolares em apenas alguns meios de expressão e de comunicação já não atende as necessidades dos estudantes que aprenderam a conviver com a variedade visual. Parsons (2005, p. 307) contribui ao refletir sobre as novas interações de comunicação com as quais as crianças convivem:

> As imagens visuais encontradas em revistas, filmes, quadrinhos e em muitos outros lugares são quase sempre acompanhadas de palavras – algumas vezes de movimentos

2. A Cultura Visual nas Escolas

e de música – e esses elementos complementam-se de diferentes modos. Uma consequência disso é que os estudantes tornam-se familiarizados com o pensamento visual em termos de multimídia. Acham isso natural e pensam melhor dessa forma. A ênfase da escola numa linguagem isolada é restritiva para os alunos. Em termos práticos, isso quer dizer que organizam e expressam melhor os pensamentos em termos visuais ou fazendo um trabalho multimídia do que escrevendo um relatório ou ensaio.

Por isso, cada vez mais, se admite a importância de se considerar o universo visual e os aspectos culturais da comunidade, no trabalho com as artes. O ensino da arte trata de conhecer as histórias em que tais imagens ou expressões se encontram e em qual contexto estão inseridos. Hernández (2000, p. 54) afirma que as dinâmicas de comunicação não podem mais ignorar o universo das imagens:

> Partindo da educação para a compreensão da cultura visual não se trata de estudar os processos individuais relacionados com a compreensão desses significados, mas sim a dinâmica social da linguagem que esclarece e estabiliza a multiplicidade de significações pelas quais o mundo se aprende e se representa.

A Cultura Visual se apresenta como ponto característico da pós-modernidade, pois abre portas para que a arte seja vista como um campo de produção de diferentes significados. Não há mais verdades absolutas ou interpretações corretas, mas sim, contextos e lugares que nos contam histórias. A arte pós-moderna é plural e sujeita a múltiplas leituras e interpretações e implica problematizar sobre aquilo que Hernández chamou de *imaginários visuais*, nos quais nossas representações sociais, culturais e históricas são expressadas através das imagens (HERNÁNDEZ, 2000). O mesmo autor (2000) também afirma que isso pressupõe assumir que as representações (e não as imagens) contêm ideias que refletem estruturas sociais e que mostram o artista como mediador das construções de significados das diferentes sociedades e culturas.

Nas escolas, a arte, muitas vezes, é percebida e trabalhada de maneira pouco reflexiva, sem a consideração de aspectos do cotidiano dos estudantes. Hernández (2000, p. 133) acredita que "na era das imagens, há mais informações em nosso meio do que aquela que 'vemos'. Talvez por isso, falar de cultura visual a essas alturas seja algo que, como acontece com outros temas e problemas debatidos pelos saberes contemporâneos, esteja chegando muito tarde à escola".

Por fim, o mundo visual produz olhares sobre as maneiras de se perceber o cotidiano. Por esse motivo não poderemos deixar de refletir sobre a escola como um local onde algumas narrativas tornaram-se guias de todo o processo escolar, e onde há grande barreira para propostas de mudanças. Algumas narrativas circundam o âmbito escolar há muito tempo, determinando as maneiras e os enfoques a serem trabalhados em sala de aula. A escola prevê sujeitos com formação homogênea, regulados e normatizados, quando a realidade impõe sujeitos autônomos, criativos e mutáveis em uma sociedade onde o amanhã é incerto. Hernández (2007, p. 24) coloca em questionamento as práticas naturalizadas nas instituições escolares: "Vivemos em um mundo visualmente complexo, por isso a importância de aprender a ler as imagens. Aprender a comunicar-se é uma exigência na atualidade e esta comunicação articula as diferentes manifestações da imagem (filmes, comerciais etc.)".

3. A Cultura Visual Produzindo Gênero

A área das artes visuais carrega consigo o grande desafio da percepção sobre a expressão do mundo no qual vivemos. Permite refletir sobre questões pessoais e sociais e instigar novas maneiras de pensar e de agir. Mas como perceber tudo isso se o nosso olhar não foi desenvolvido para tal? Como a produção de imagens em nosso cotidiano interfere na constituição de nossas subjetividades? Como incorporamos as imagens em nosso dia-a-dia? O que as imagens falam sobre ser menina na contemporaneidade? Como as imagens produzem gênero dentro das salas de aula? Essas problematizações nortearão o seguimento deste capítulo.

O aumento de materiais visuais (com recursos tecnológicos avançados) no cotidiano das crianças é recente ao mesmo tempo em que se mostra crescente. Os estudantes experienciam muitas atividades mediadas pela TV, por filmes, internet, vídeo games, revistas e propagandas publicitárias. Todos esses recursos comunicam mensagens visuais, acompanhadas de pequenos textos e sons, e estão inseridos nas salas de aula através dos brinquedos, roupas, livros e materiais escolares com ilustrações, que estão na preferência infantil.

Partindo disso, as imagens, através de suas relações com outros artefatos, produzem identidades de gênero. Na definição de Louro (2005) discutir sobre gênero representa pensar sobre como o masculino e o feminino são constituídos e problematizar sobre as relações sociais ditas como "comuns" ou "normais".

O termo "gênero" remete a história do movimento feminista, que surgiu no início do século XX, com a busca pelos direitos femininos de voto e de contestação das atribuições da mulher na sociedade (trabalhar no lar ou sob o comando dos homens). Desde seu início, em países como França, Alemanha, Inglaterra e Estados Unidos, esse movimento se apresentou multifacetado, pois tinha diversas vertentes organizadas por grupos de mulheres que buscavam sanar diferentes necessidades, tais como: o direito ao ensino superior, a formação de sindicatos pela melhoria da qualidade no trabalho e a discussão dos direitos das mulheres de decidir sobre o próprio corpo e sua sexualidade. Com isso, elas buscavam seu lugar social e o rompimento da dominação masculina. Louro (2007a, p. 17) fala sobre esse período histórico ao evidenciar qual foi o principal objetivo do movimento feminista em sua origem:

> Tornar visível aquela que fora oculta foi o grande objetivo das estudiosas feministas desses primeiros tempos. A segregação social e política a que as mulheres foram historicamente conduzidas tiveram como consequência a sua ampla invisibilidade como sujeito – inclusive como sujeito da ciência.

As feministas estavam diante de um contexto em que não eram somente as diferenças biológicas, anatômicas ou

3. A Cultura Visual Produzindo Gênero

socioeconômicas que constituíam as desigualdades de gênero. Elas passam, então, a refletir sobre os modos como o feminino e o masculino são representados, acreditando que isso determina a maneira de ser homem e mulher na sociedade. Pensam que "é no âmbito das relações sociais que se constroem os gêneros" (LOURO, 2007a, p. 22). Nesse contexto, as representações de feminilidade e de masculinidade são constituídas pelo que se pensa e fala sobre o feminino e o masculino.

A partir disso, o conceito de gênero passa a ser modificado pelas perspectivas pós-estruturalistas que abordam a linguagem como produtora de saber e de poder. Esse enfoque aponta que nos constituímos, enquanto homens e mulheres, ao longo da vida por diversas instituições e práticas sociais que narram os comportamentos masculinos e femininos. Meyer (2007, p. 16) apresenta importante colaboração ao falar sobre a vertente pós-estruturalista na discussão sobre gênero:

> As abordagens feministas pós-estruturalistas se afastam daquelas vertentes que tratam o corpo como uma entidade biológica universal (apresentada como origem das diferenças entre homens e mulheres, ou como superfície sobre a qual a cultura opera para produzir desigualdades) para teorizá-lo como um construto sociocultural e linguístico, produto e efeito de relações de poder. Nesse contexto, o conceito de gênero passa a englobar todas as formas de construção social, cultural e linguística implicadas como processos que diferenciam mulheres de homens, incluindo aqueles processos que produzem seus corpos, distinguindo-os e separando-os como corpos dotados de sexo, gênero e sexualidade.

Isso implica dizer que não nascemos mulheres: nós nos tornamos mulheres. E ainda: "A construção de gênero é histórica e está em constante mudança, sendo assim, estamos construindo gênero" (LOURO, 2007b, p. 35). Nessa perspectiva pós-estruturalista, os estudos relacionados a gênero procuram problematizar a diferença e as relações de poder em que o feminino e o masculino são produzidos, buscando transcender o objetivo inicial de luta pela diminuição da dominação masculina.

Diante disso, não é possível descartar que vivemos na diferença e que a busca pela igualdade é um objetivo impossível de ser alcançado. Por isso, "na perspectiva pós-estruturalista as ambições de transformação social são menos severas, acreditando que essas podem ocorrer de maneira gradual, local e cotidiana" (LOURO, 2007b, p. 121).

Segundo Louro (2007b, p. 37), "os Estudos Feministas estiveram sempre centralmente preocupados com as relações de poder". Por isso, a atual abordagem desses estudos está ligada à desnaturalização de concepções que percebem a mulher como portadora de uma natural submissão ao homem, desconstruindo binarismos que diferenciam, por exemplo, as funções sociais de homens e de mulheres na família e no trabalho. A suposta hierarquização de subordinação do feminino perante o masculino denota um olhar de vitimização e culpabilidade da mulher, pois pressupõe que ela não tem a opção de transformar a realidade.

Com isso, a mulher não está simplesmente dominada pelo homem, mas ambos exercem e sofrem as consequências de suas ações e estão, constantemente, resistindo, transgredindo e negociando suas representações. O poder acontece diante da liberdade de resistência do sujeito, por isso não

3. A Cultura Visual Produzindo Gênero

basta acreditarmos que somos "manipulados", "governados" ou "subjetivados", pois participamos ativamente dessa rede.

Falar sobre gênero, nessa perspectiva, perturba posicionamentos que defendem uma identidade masculina e feminina baseada nas diferenças biológicas, pois homens e mulheres se constituem ao incorporarem valores culturais que determinam os comportamentos adequados e as atitudes previstas para determinadas situações.

Nessa ótica pós-estruturalista, a cultura visual é produtora de significados que estão imersos em relações de poder. Esses significados regulam as percepções, os gestos, os sentimentos, os pensamentos, os hábitos e as maneiras de perceber a si e aos demais, dizendo como um homem e uma mulher devem agir socialmente em determinado contexto.

Nesse sentido, o sujeito é produzido nas práticas culturais que vivencia cotidianamente, e é nessas práticas que estão inscritas as relações de poder, através das quais o sujeito institui maneiras de olhar a si mesmo e o mundo ao seu redor. O sujeito torna-se participante de uma cultura porque passa a compartilhar significados e a interpretar o mundo de maneira semelhante. Essa é uma discussão emblemática para a área da educação, já que tira a centralidade de ação das escolas para a constituição dos sujeitos, embora não as exima da responsabilidade formativa dos estudantes.

Pensar sobre gênero, nessa perspectiva, torna-se ousado e instigante para os profissionais ligados à área educacional. Isso acontece porque acreditar que gêneros não são construídos de maneira "natural" e "espontânea" é uma tarefa ambiciosa para uma realidade marcada por fortes discursos que procuram enfatizar as diferentes atribuições femininas e masculinas. Gênero é uma identidade fabricada, produzida ao longo da vida por diversas pedagogias culturais, pois se aprende a viver como homem e como mulher.

A escola, através de suas práticas educativas em torno da cultura visual, produz conhecimentos e contribui para a constituição de representações. Ela fala sobre como são (ou devem ser) os meninos e as meninas. Forma um imaginário social sobre os comportamentos mais ou menos aceitáveis para cada gênero, instituindo falas e gestos para as mais diversificadas situações. Com isso, temos diante de nós um universo visual a ser desvendado cotidianamente. Temos um mundo de imagens para ler e para tentar compreender aspectos importantes de nossa cultura.

Nas salas de aula, torna-se impossível a tentativa de contar ou mensurar a quantidade de imagens com as quais as crianças interagem e que consomem em seu dia-a-dia. As propagandas, as fotos dos jornais, a Internet, a maneira de se vestir, as revistas, os enfeites de cabelo, as ilustrações de todo tipo estão carregadas de informações sobre o ambiente em que vivemos; portanto, muito temos a problematizar. Nesse sentido, o estudante passa a ser intérprete e produtor de imagens.

Olhares de investigação

As imagens, como artefatos que produzem conhecimentos e que contribuem para a constituição de nossas representações, falam sobre como são (ou devem ser) os meninos e as meninas. Nas salas de aula as imagens ganham

3. A Cultura Visual Produzindo Gênero

relevância de trabalho pedagógico no momento em que percebemos suas influências sobre as crianças. Essas não só vivenciam uma nova cultura visual como também interagem e corporificam os discursos produzidos e transmitidos pelas imagens. As crianças carregam suas percepções do mundo visual em seu cotidiano e apresentam conflitos sobre relacionamentos interpessoais importantes de serem trabalhados. Os estudantes passam a ser intérpretes e produtores de imagens.

Diante disso, passo a apresentar um recorte da pesquisa de mestrado que realizei em 2007 e 2008 pela Pontifícia Universidade Católica do Rio Grande do Sul, com apoio da Capes. Nela, o principal objetivo foi analisar a constituição de identidades femininas, através da cultura visual, em contexto escolar, sob a luz dos Estudos Culturais em Educação numa perspectiva pós-estruturalista.

As questões que nortearam a realização do estudo foram: Como a cultura visual contribui para a constituição de identidades femininas? Como as meninas compreendem sua formação social através das imagens? Como as meninas de uma turma de 3ª série do Ensino Fundamental manifestam suas representações de feminilidade no âmbito escolar? Quais as imagens que invadem o cenário escolar e que contribuem para a produção de subjetividades femininas?

A pesquisa foi conduzida pela investigação qualitativa com abordagem etnográfica, pois os dados coletados referem-se a um período prolongado de observações (e de intervenções) e são marcados pelo meu envolvimento sistemático com o grupo pesquisado. Ela aconteceu em uma escola da rede privada de ensino da zona norte de Porto

Alegre, com uma turma de 3ª série do Ensino Fundamental, composta por vinte e cinco estudantes com idade entre oito e nove anos. A escolha por esse grupo de crianças deve-se ao meu vínculo profissional com a instituição, na qual atuo como professora de Séries Iniciais.

Para coletar informações, utilizei as contribuições da técnica de coleta e produção de dados dos *Grupos Focais*. Dessa maneira, o *corpus* da pesquisa é composto por vinte e quatro fotografias digitais, de produtos vinculados à cultura visual, que surgiram "espontaneamente" na sala de aula. Ou seja, registrei a "invasão" de um vasto repertório de imagens associadas à constituição de gênero nos produtos consumidos pelas crianças, como mochilas, estojos, cadernos, brinquedos, tatuagens, filmes, revistas, jogos, álbuns de figurinhas, revistas e roupas. Ao mesmo tempo, esse material foi utilizado para a organização dos encontros com as crianças (*Grupos Focais*) que, através do registro escrito das falas, dos gestos e das produções escritas produzidas durante os encontros, também compõem o *corpus* da pesquisa. Esses dados foram coletados porque se tornou importante contemplar os olhares dos próprios estudantes sobre as imagens que estão inseridas em seu meio.

As fotografias contemplam os brinquedos, as revistas de maior circulação na sala de aula e os diversos materiais escolares das crianças. A utilização de fotos procurou legitimar as posteriores reflexões acerca da constituição de identidades femininas, através daquilo que Loizoz (2002, p. 137) defende: "a imagem, com ou sem acompanhamento de som, oferece um registro restrito, mas poderoso das ações temporais e dos acontecimentos reais – concretos, materiais".

3. A Cultura Visual Produzindo Gênero

O procedimento para coletar os dados percorreu o seguinte caminho: durante o período de quatro meses, no ano letivo de 2008, fotografei diversas imagens[3] trazidas, "espontaneamente", pelos estudantes para a sala de aula, as quais manifestam a cultura visual na qual a turma está inserida. O objetivo era selecionar imagens que pudessem auxiliar na reflexão sobre a produção de identidades femininas e para que pudessem instigar, posteriormente, algumas discussões sistemáticas com as crianças.

A partir das fotografias coletadas, organizei um "tópico-guia"[4] para cada um dos seis encontros com as crianças. Nessa etapa da pesquisa utilizei as contribuições da técnica de coleta e produção de dados dos *Grupos Focais* para observar como os estudantes se posicionam frente às imagens que eles mesmos trazem para a sala de aula. Com isso, queria perceber quais os sentimentos, percepções e apontamentos das crianças sobre ser menina.

Os *Grupos Focais* representam uma técnica para coletar informações qualitativas em pesquisas que pretendem explorar experiências, opiniões, sentimentos, posicionamentos e preferências. Segundo Gaskell (2002, p. 75): "O objetivo do grupo focal é estimular os participantes a falar e a reagir àquilo que outras pessoas no grupo dizem".

Com as crianças essa técnica não pode restringir-se ao uso da oralidade, pois os estudantes não demonstram disponibilidade e interesse suficientes para tal. É necessá-

---

[3] As imagens coletadas em sala de aula estão disponíveis, para visualização, no decorrer do livro.

[4] "Tópico-guia" refere-se à elaboração de uma questão que norteia as discussões de um grupo na pesquisa com técnica de *grupos focais* (GASKELL, 2002, p. 66).

rio, pois, a organização de encontros que tenham atividades instigantes para as crianças, envolvendo-as com experiências mais lúdicas. E ainda, por estar em contato diário com as crianças, percebi que elas se sentiam mais "livres" para demonstrar o que realmente pensavam sobre determinados assuntos, superando uma das principais dificuldades apresentadas pela coleta de dados através de *grupos focais*: o período de adaptação entre pesquisador e sujeitos (GASKELL, 2002, p. 66).

Coletar dados sobre a constituição de identidades femininas através de *grupos focais* foi uma necessidade que surgiu no decorrer da investigação, pois esse procedimento não visa uma percepção generalizada dos fatos, ou seja, aquilo que coletei se refere, unicamente, ao grupo de crianças que investiguei, não prevendo generalizações para outras turmas de estudantes. Gaskell (2002, p. 65) pressupõe esse aspecto ao afirmar que os dados fornecidos pelos *grupos focais* não representam o todo e que auxiliam a "explicar achados específicos" de um grupo.

Considerando que as imagens são portadoras de inúmeros textos e que nelas muitas informações podem ser constatadas, no decorrer da leitura poderão ser visualizadas as vinte e quatro fotografias registradas, em sala de aula, durante o processo de investigação. Elas não constituem simplesmente um material complementar e ilustrativo das análises, ao contrário, elas representam a principal fonte de problematizações.

Levando-se em conta o pressuposto teórico pós-estruturalista desse estudo, utilizei a análise do discurso para verificar as condições de produções de identidades femininas nos dados coletados. Isso porque considero relevante

3. A Cultura Visual Produzindo Gênero

analisar todo um contexto discursivo na qual estão inseridas as fotografias, as falas, os gestos e as produções escritas das crianças. Mascia (2002, p. 28) ressalta as condições de existência da análise do discurso ao afirmar que, "conforme os pressupostos da Análise do Discurso, a análise será empreendida na convergência do linguístico com o social, visando apontar as marcas linguísticas como produto histórico-social, com base nas condições de produção".

A linguagem é enfatizada, nos estudos pós-estruturalistas, como produtora de sentidos (BUJES, 2005, p. 185). Toda vez que descrevemos ou interpretamos algo, estamos produzindo uma realidade e moldando as maneiras como as pessoas devem inserir-se no mundo. Por esse motivo, as fotografias dos materiais visuais, as falas, os gestos e as produções escritas das crianças foram registrados com a pretensão de investigar os discursos construídos sobre ser menina e as condições em que esses são produzidos no âmbito escolar. Pretendi mostrar que os dados coletados estão imersos numa rede de significados e que as interações e as escolhas das crianças por determinados artefatos visuais representam uma construção social rica em possibilidades de problematizações. Nesse caso, a sala de aula ofereceu inúmeras possibilidades de investigações, e a análise do discurso representou importante caminho para posteriores reflexões.

Gill (2002, p. 244) afirma que as perspectivas que procuram analisar os discursos partilham de uma "rejeição da noção realista de que a linguagem é simplesmente um meio neutro de refletir, ou descrever o mundo, e uma convicção da importância central do discurso na construção da vida social". A mesma autora (2002, p. 247) também afirma que o discurso é percebido como prática social:

É proveitoso pensar a análise de discurso como tendo quatro temas principais: uma preocupação com o discurso em si mesmo; uma visão da linguagem como construtiva (criadora) e construída; uma ênfase no discurso como uma forma de ação; e uma convicção na organização retórica do discurso.

Investigar como as feminilidades são produzidas através da cultura visual implica deter novos olhares sobre as práticas educativas nas escolas, originar interrogações sobre as relações sociais e investigar os acontecimentos discursivos para a constituição de nossas representações.

Segundo Gill (2002, p. 253): "fazer uma análise de discurso implica questionar nossos próprios pressupostos e as maneiras como nós habitualmente damos sentido às coisas". Por isso, durante muitos momentos da pesquisa, senti que trilhava um terreno desestabilizante, pois percebia a impossibilidade de alcançar respostas únicas e verdadeiras. A instabilidade de minhas proposições foi algo provocante, porque já não é mais possível alcançar rápidas e grandiosas respostas às nossas inquietações no meio educacional ou realizar, através de pesquisas, uma modificação social significativa para os sujeitos envolvidos. E também porque analisar os discursos significa o envolvimento simultâneo com esses.

Meyer e Soares (2005, p. 39) também destacam que o percurso da pesquisa passa por trajetos instáveis, desconfortáveis e desestabilizantes:

> pesquisas pós-estruturalistas se organizam por movimentos e deslocamentos, ao invés de priorizarem os pontos de chegada, e focalizam suas lentes nos processos e nas práticas, sempre múltiplas e conflitantes, que vão conformando os – esse conformando nos – próprios "caminhos investigativos".

3. A Cultura Visual Produzindo Gênero

Assumir posturas como essa, entendendo-as como sendo interessantes e produtivas para os processos de pesquisas, não é, evidentemente, muito confortável. Ao contrário, elas desestabilizam nossas ancoragens teóricas e nossas certezas, nos colocam frente a frente com a parcialidade dos mundos que habitamos e nos confrontam com as nossas próprias incongruências.

O que também tornou o estudo instigante foi a possibilidade de problematizar, constantemente, tudo aquilo que é considerado como verdade no campo educacional. Foi necessário deter diversas perspectivas sobre o que é tido como comum na escola, buscando olhares de desconfiança. Conforme Meyer e Soares (2005, p. 39), o surgimento da possibilidade de uma multiplicidade de novos olhares atende aos pressupostos de uma pesquisa com enfoque pós-estruturalista:

> Os desafios colocados para aqueles e aquelas que se propõem a fazer pesquisas em abordagens pós-estruturalistas envolvem, pois, essa disposição de operar com limites e dúvidas, com conflitos e divergências, e de resistir à tentação de formular sínteses conclusivas; de admitir a provisoriedade do saber e a coexistência de diversas verdades que operam e se articulam em campos de poder-saber; de aceitar que as verdades com as quais operamos são construídas social e culturalmente.

As trilhas percorridas pela pesquisa, para uma possível análise do discurso, buscaram olhar e problematizar as narrativas na sala de aula de uma maneira perspicaz, naquilo que se refere aos acontecimentos mais sutis e menos evidentes sobre ser menina através das imagens. Comportamentos e falas corriqueiras e que, geralmente, ganham pouca atenção dos educadores passaram a fazer parte do meu repertório de investigação. Gestos aparentemente simples e naturais ganharam reflexões que considero relevantes para se pensar a produção de gênero na cultura visual. Assim como Louro (2007, p. 63) ressalta, procurei desestabilizar aquilo que é dito como "comum":

> O processo de "fabricação" dos sujeitos é continuado e geralmente muito sutil, quase imperceptível. Antes de tentar percebê-lo pela leitura das leis ou dos decretos que instalam e regulam as instituições ou percebê-lo nos solenes discursos das autoridades (embora todas essas instâncias também façam sentido), nosso olhar deve se voltar especialmente para as práticas cotidianas em que se envolvem todos os sujeitos. São, pois, as práticas rotineiras e comuns, os gestos e as palavras banalizados que precisam se tornar alvos de atenção renovada, de questionamento e, em especial, de desconfiança. A tarefa mais urgente talvez seja exatamente essa: desconfiar do que é tomado como "natural".

Quis desconfiar das atitudes cotidianas das crianças e compreender como as inúmeras imagens que invadem a rotina escolar contribuem para que as meninas escolham seus brinquedos, roupas, materiais e determinadas atitudes. A cultura visual mostra e constitui, sutilmente (e às vezes de maneira direta e objetiva), como as meninas são ou devem ser. Sobre isso, Hernández (2007, p. 29) afirma que "um mundo onde o que vemos tem muita influência em nossa capacidade de opinião é mais capaz de despertar a subjetividade e de possibilitar inferências de conhecimento do que o que ouvimos ou lemos".

3. A Cultura Visual Produzindo Gênero

Percebo, provisoriamente, que as subjetividades femininas não são simplesmente "formadas" pelo universo visual, mas interagem e se relacionam de maneira "cooperativa" com outras instâncias. Identidades estão fabricando e sendo fabricadas ao mesmo tempo. Sobre isso, novamente Hernández (2007, p. 31) contribui ao dizer:

> considero que as representações visuais contribuem, assim como os espelhos, para a constituição de maneiras e modos de ser. As representações visuais derivam-se e ao mesmo tempo interagem de e com as formas de relação que cada ser humano estabelece, também com as formas de socialização e aculturação nas quais cada um se encontra imerso desde o nascimento e no decorrer da vida. Estas formas de relação contribuem para dar sentido à sua maneira de sentir e de pensar, de olhar-se e de olhar, não a partir de uma posição determinista, mas em constante interação com os outros e com sua capacidade de agenciamento.

Assim como Wortmann (2002, p. 90), não procurei desocultar ou denunciar nada que estivesse escondido, mas sim questionar o que geralmente é considerado natural, o que não foi problematizado. As análises, inspiradas num referencial pós-estruturalista, não estão restritas a descrições. Os pesquisadores reconhecem que suas análises modificam, são modificadas e podem fugir ou diluir-se entre diversas certezas. As análises discursivas "ao mesmo tempo em que examinam a maneira como a linguagem é empregada, devem também estar sensíveis àquilo que não é dito – aos silêncios" (GILL, 2002, p. 255).

Dessa maneira, através das interrogações possibilitadas pela análise do discurso, examinei regularidades e variabilidades nos dados coletados (GILL, 2002, p. 267). A partir disso e da articulação com as questões norteadoras, emergiram três focos para análise, intitulados a partir de algumas falas ilustrativas das crianças envolvidas no estudo: "Meninas são mais doces!": atribuição de comportamentos femininos; "Eu já sei o que vou comprar!": desejos de consumo; e "Eu queria ser igual a elas!": a busca pela beleza. Esses três eixos analíticos serão desenvolvidos no seguimento.

"Meninas são mais doces!": atribuição de comportamentos femininos

As imagens que os estudantes trazem para a sala de aula ilustram e promovem, com certa "precisão", os gostos, os desejos e os comportamentos aceitos para cada gênero. As crianças, através de suas preferências por determinados brinquedos, personagens e materiais escolares, demonstram que vivenciam diversas experiências visuais que delimitam o que meninas e meninos podem fazer, pensar e desejar. Isso denota aquilo que Hernández (2000, p. 133) afirma: "fazemos parte da cultura visual e estamos inundados por uma extraordinária variedade de imagens e, sobretudo, de imaginários visuais".

Desse modo, reflito sobre algumas regularidades que encontrei nos dados coletados acerca da constituição de representações femininas. No entanto, é importante salientar que as análises serão caracterizadas pela busca constante de interrogações e por aquilo que André (1994, p. 45) caracteriza como "desvelamento de mensagens implícitas, dimensões contraditórias e pontos sistematicamente omitidos".

O primeiro desses pontos evidencia que as meninas se identificam com suas personagens preferidas no que se refere tanto a aspectos físicos e estéticos (roupas, acessórios,

3. A Cultura Visual Produzindo Gênero

beleza corporal) quanto a maneiras de ser e de agir (gestos delicados e realização de atividades mais "calmas"). Através disso, elas acabam incorporando atitudes sociais que são ditas comuns às meninas, como docilidade, meiguice e recato. Assim, a construção de subjetividades femininas no mundo contemporâneo é produzida através de representações visuais e de práticas culturais (HERNÁNDEZ, 2007).

Ao falar sobre a Moranguinho,[5] por exemplo, algumas meninas demonstraram que almejam e admiram os traços de feminilidade apresentados pela personagem. Isso aconteceu no momento em que conversei com um grupo de cinco meninas que pintavam uma revista da Moranguinho. Perguntei os motivos que as levam a gostar da personagem e obtive as seguintes respostas: "Gosto da Moranguinho porque ela gosta de morangos e de bichinhos que nem eu. Ela se veste bem e usa sainha, blusinha da moda que gurias gostam, coisa de menina. Eu sô que nem ela!" (Elisa).[6] Outra menina falou: "Eu queria ser igual a ela porque ela é bem guriazinha, bonitinha, delicadinha, queria me arrumar que nem ela. Olha as roupas dela, são bonitas e brilhosas, enfeitadas, modernas e charmosas" (Lúcia). E ainda: "Eu me acho até parecida com a Moranguinho, com o jeito dela, eu também gosto dos animais e porque as minhas roupas são iguais as dela" (Gabriela).

Os imaginários das estudantes buscam uma identificação com as suas personagens preferidas e um desejo de tornarem-

---

[5] As primeiras aparições da personagem Moranguinho aconteceram em 1977, mas o desenho animado surgiu, com intensa repercussão e sucesso, na década de 80. Em 2002, a personagem e suas histórias retornaram ao mercado através de filmes, sites e trilhas sonoras específicas e ainda com a personagem e seu contexto numa versão mais "adolescente".

[6] Todos os nomes das crianças participantes, citados nesse estudo, são fictícios.

-se semelhantes a elas. As crianças demonstram que suas vidas apresentam inúmeros aspectos que procuram "imitar" o jeito de ser instaurado, por exemplo, pela Moranguinho. As meninas buscam ser "iguais" ou semelhantes ao que consideram bom e bonito, mas que tipo de comportamentos a personagem acaba por provocar? As meninas corporificam e reproduzem o discurso transmitido pela Moranguinho, e isso ficou evidenciado durante o mesmo encontro citado anteriormente, no qual uma menina afirma: "Meninas têm que ser delicadas igual a Moranguinho, não dá pra fazer as coisas de menino porque ele gosta de coisa mais agitada, luta. Menina é calma!" (Yas).

É relevante e instigante notar que tal personagem e outras, como a Barbie[7] e as Princesas da Disney,[8] convivem de maneira interativa com as meninas da turma, pois essas não consomem somente o livro de imagens para serem pintadas, as mochilas ou os cadernos que estão na sala de aula. Elas também interagem com um extenso repertório visual que inclui filmes, livros infantis, sites específicos e grupos de relacionamentos virtuais (comunidades no *orkut*, por exemplo).

As imagens a seguir ilustram uma das brincadeiras preferidas dessas meninas: pintar as imagens do álbum da Moranguinho durante a hora do recreio. E também evidenciam que essa personagem exerce grande influência nos padrões de comportamentos das meninas da turma.

---

[7] A boneca Barbie foi criada em 1936 por Ruth Handler, em homenagem a sua filha Bárbara. Desde então, ela tornou-se um fenômeno de vendas entre os públicos infantil e adulto. Barbie representa uma *top model*, símbolo de beleza e juventude, e atualmente apresenta diversas versões étnicas.
[8] "As Princesas", da Disney, é composição recente entre as personagens dos contos clássicos da literatura infantil. São elas: Cinderela, Rapunzel, Branca de Neve, Pocahontas, Bela e Jasmine.

3. A Cultura Visual Produzindo Gênero

Menina pintando desenho da Moranguinho
(2008)

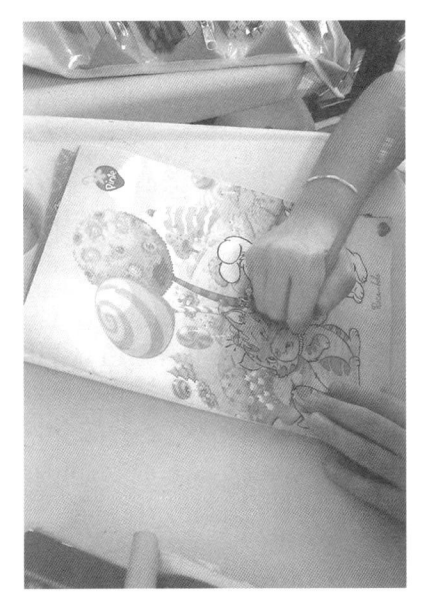

Menina pintando o livro da Moranguinho
(2008)

Nas imagens, Moranguinho é apresentada com trejeitos de timidez, recato e doçura, ao mesmo tempo em que está dentro dos padrões culturais de beleza estética (roupas joviais, acessórios, corpo magro e cabelos longos). Isso demonstra os inúmeros discursos que circulam no universo da personagem e que são reproduzidos pelas meninas da turma. A Moranguinho, através de seus diversos recursos visuais (filmes, adesivos, bonecas, álbuns de figurinhas, estampas em roupas, desenhos animados), contribui para que as meninas acreditem que ser doce e calma são características comuns ao feminino. Freedman (2005, p. 126) realiza importante argumentação sobre as imagens enquanto artefatos que solidificam determinadas representações: "Imagens são uma forma poderosa de representação. [...] Além da beleza estética, uma imagem personifica um significado...".

Uma menina, porém, manifestou-se contra a argumentação da colega de que meninas devem ser calmas, evidenciando sua preferência pelas atitudes de outra personagem e associando suas maneiras de agir com a necessidade de não ser mais classificada como uma "criança pequena". A estudante prefere as atitudes da personagem Pucca[9] (que age conforme uma faixa etária mais "adolescente") e repudia o estilo de vida da Moranguinho. Enquanto as colegas falavam, empolgadas, sobre a pintura das imagens no álbum, a menina rebate a afirmação de outra menina dizendo: "Nada a ver... Menina também luta. Eu gosto de bater nos guris. Eu não olho a Moranguinho. Gosto da Pucca que dá na Net e olho todos os dias. Ela inventa várias coisas e acaba sempre fazendo bem. Ela tá procurando dar um beijo em alguém especial. Ela fica correndo atrás dele" (Fernanda).

A estudante demonstra sua preferência pela Pucca (e por seu estilo de viver) com a aquisição de um caderno, mostrando, assim, que as imagens invadem a sala de aula, instaurando, consolidando e moldando aquilo que as meninas devem, ou não, ser e fazer:

---

[9] Pucca é uma personagem coreana, com 10 anos de idade, produzida no ocidente com a marca Disney. No seu desenho animado, Pucca é apaixonada por um personagem ninja que foge, constantemente, das suas tentativas de beijá-lo.

3. A Cultura Visual Produzindo Gênero

Menina com caderno da Pucca

Junto a isso, as crianças ressaltam a docilidade das personagens femininas e a agressividade dos personagens masculinos. Eles relatam que os brinquedos, os filmes e os desenhos animados dos meninos geralmente possuem superpoderes porque seu enredo (estilo de vida) exige isso, afinal, eles convivem com constantes lutas, com o combate ao mal e com competições que necessitam de poderes sobrenaturais para aquisição de sucessos em suas histórias. Com isso, há a consolidação da distinção entre atribuições sociais destinadas às meninas e aos meninos. Theodoro (2007, p. 3) aponta algumas considerações sobre os brinquedos produzidos para as crianças: "Os brinquedos vêm imbuídos de normas que definem o que é permitido e o que não é permitido para cada sexo, há um abismo que separa bem os brinquedos destinados para meninos e os destinados para meninas".

Em outro momento em sala de aula, quando conversávamos sobre como são as meninas nos desenhos animados que as crianças assistem, surgiram inúmeras falas que distinguem as preferências de cada gênero. Segundo um menino, "só os guris têm superpoderes, porque os guris gostam mais de ação e de terror. As gurias... se olham um filme de terror, já saem gritando pela porta" (Lucca).

Os personagens instauram padrões de comportamentos masculinos que condizem a atitudes de agressividade, de dinamicidade, de "adrenalina" e com emoções fortes (necessitando, assim, do auxílio dos superpoderes). As personagens das meninas, porém, não precisam de tais poderes porque suas histórias falam de uma rotina mais "comum" (passeios e conversas entre amigas) e sem grandes aventuras ou turbulências. No mesmo momento de discussão, citado anteriormente, uma menina ressalta: "As meninas são mais delicadas e elas não são igual aos meninos, que lutam. Elas não têm armas poderosas pra lutar" (Yas).

Os meninos também evidenciam suas representações logo após escutarem as falas das meninas: "Eu acho que as princesas não têm isso (superpoderes) porque as meninas são muito delicadas e não gostam de violência. Já os meninos gostam de violência, por isso eles têm que ser mais fortes, mais atléticos, mais rápidos" (João). E ainda: "As Barbies... A Rapunzel... Não precisam de poderes. Os Power Rangers precisam de poderes pra lutar contra o mal" (Nico). Com isso, fica evidente a reprodução de discursos que buscam a diferenciação na atribuição de valores femininos e masculinos e a concomitante identificação pessoal das crianças com seus personagens.

Tal constatação também foi demarcada quando as crianças produziram textos com diálogos entre seus personagens preferidos. Nos textos produzidos por meninas as histórias giravam em torno de um estilo de vida mais delicado, com convites cordiais e demonstrações de amizade. Suas histórias contavam fatos ligados a passeios ao shopping, a brincadeiras de boneca, encontros com as amigas e festas em palácios.

3. A Cultura Visual Produzindo Gênero

Através disso mostravam que sua imaginação estava ligada a um mundo de contos de fada, onde ser princesa era o objetivo de todas. Os textos produzidos pelos meninos, ao contrário, enfatizavam histórias relacionadas a aventuras de corrida, de guerra, de lutas, de tragédias e com a presença significativa de "palavrões". Escreveram palavras de ordem que sinalizavam a agressividade dos personagens. Durante essa atividade um aluno mostra seu filme preferido, que estava guardado na mochila, e diz: "Esse é o melhor filme que eu já vi!" (Adriano).

Em inúmeros momentos, as crianças ressaltaram que seus materiais, brincadeiras, brinquedos e roupas devem estar de acordo com as características atribuídas a cada gênero. E que seus personagens preferidos devem atender a um padrão de atitudes tipicamente feminino e masculino para serem aceitos pelo grupo. Ao problematizar a escolha por determinados cadernos, os estudantes evidenciaram que as diferentes interações sociais entre meninas e meninos se solidificam, dia-a-dia, no âmbito escolar, deixando marcas profundas nos seus comportamentos. A seguinte discussão foi transcrita para que seja proporcionada a problematização das narrativas sociais de gênero, nas quais as crianças estão submersas:

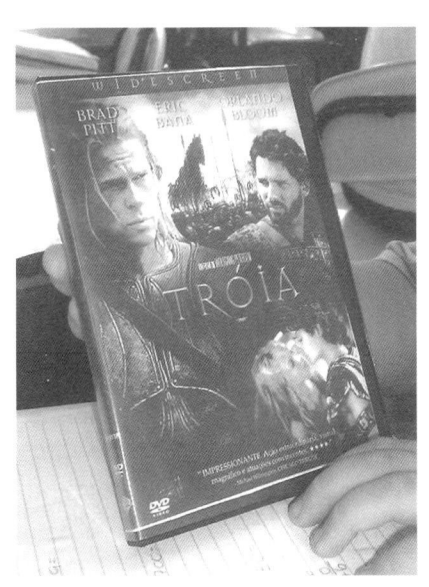

Menino com DVD do filme *Troia* (2008)

Após explorarem as fotos que focavam seus cadernos e de conversarem entre si, perguntei às crianças: "Por que meninas e meninos escolhem cadernos diferentes?" Logo, um menino diz: "Os guris gostam mais de ação e adrenalina, e as meninas são mais calmas. Por isso elas escolhem esses cadernos com coisas delicadas" (João). No mesmo instante, várias crianças levantam suas mãos para contribuírem com suas opiniões. Um outro menino fala: "As meninas são mais doces e escolhem os cadernos que têm coisas doces também" (Rodrigo). Uma colega imediatamente concorda: "É verdade! A gente não gosta das coisas deles porque eles são muito brutos" (Elisa). Um menino insiste em obter a palavra (através do gesto de levantar sua mão e balançá-la diversas vezes) e diz: "As gurias gostam de coisas de princesas porque são gurias. Os guris gostam de brincar de luta, jogar bola, vídeo game, coisas que não são calmas. Elas gostam de fofocar e conversar" (Luan). Outro garoto complementa: "Elas não gostam dos guris, só das maquiagens. Os cadernos têm as fotos dos personagens preferidos delas. Personagens calmos; e os meninos gostam de personagens com adrenalina" (Carlos). Uma menina ressalta com voz tímida: "A gente gosta mais das princesas e da Barbie, e as coisas de guris a gente não gosta" (Fernanda).

Segundo esse diálogo, é possível identificar, nas imagens a seguir, quais os cadernos das meninas e quais os cadernos dos meninos? E ainda, problematizar: Por que as crianças enfatizam um discurso de demarcações de comportamentos específicos para cada gênero? O que acontece com as crianças que não se inserem nos padrões "esperados"?

3. A Cultura Visual Produzindo Gênero

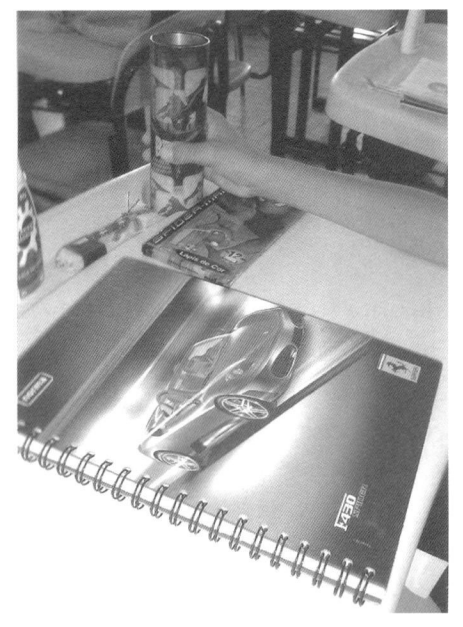

Menino com seus materiais (2008)

Meninas com seus cadernos (2008)

As personagens femininas (nesta pesquisa, representadas pela Barbie, Moranguinho, Hello Kitty, Pucca e pelas Princesas) apresentam padrões comportamentais que instituem "elegância" e cordialidade para com os outros, recato nas palavras proferidas, uso de determinadas roupas, maneiras de movimentar-se corporalmente, entre outros atributos.

As meninas são seduzidas e convidadas por suas personagens a entrarem em um mundo imaginário de histórias fantásticas, através de um articulado sistema de produção de sentidos. Por exemplo: o contexto da Barbie é formado pelos seus inúmeros filmes, músicas, álbuns de figurinhas, acessórios, roupas, livros infantis, materiais escolares e pela interação proporcionada pelos sites (nos quais as meninas "ganham" autonomia para montar histórias e figurinos). Esse arsenal visual "ensina e produz certas formas de pensar, de agir, de estar e se relacionar com o mundo" (THEODORO, 2008, p. 6).

Os sentimentos de docilidade, de amizade e de ternura são moldados como algo inerente ao feminino. Em seu estudo sobre os desenhos infantis, Rael (2007) afirma que muitas histórias apresentam o feminino conectado diretamente com a afetividade (o coração) e que esses discursos naturalizam que as mulheres são mais dóceis, emotivas e fracas.

As imagens a seguir evidenciam que as crianças consomem personagens que reproduzem um discurso de docilidade feminina e agressividade masculina.

3. A Cultura Visual Produzindo Gênero

Meninas com materiais da Barbie (2008)

Menino com caderno dos heróis Marvel (2008)

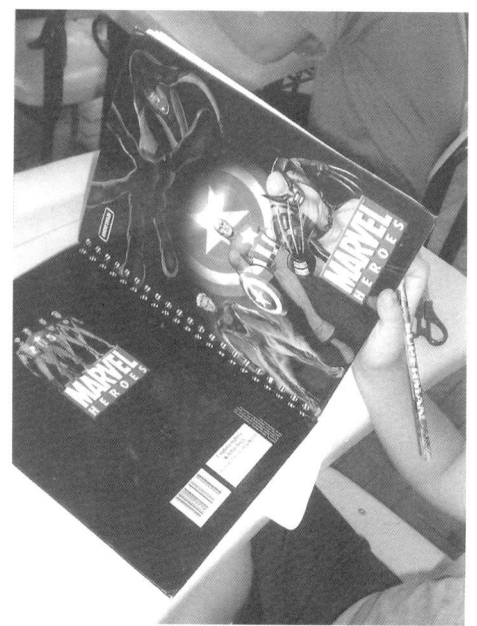

Meninas caminhando com suas mochilas (2009)

Durante a retomada e reflexão das informações coletadas com a turma, surgiu uma questão que atribui às meninas uma visão romântica acerca dos relacionamentos amorosos. Ou seja, apesar de todas as crianças associarem a frase "viveram felizes para sempre" à união de um casal heterossexual, elas também enfatizam que esse desfecho acontece somente nas histórias das meninas.

Instigadas pelo questionamento sobre a frase "viveram felizes para sempre" nos contos das princesas, as crianças afirmaram: "Eu acho que felizes para sempre... Que eles casaram, tiveram a casa deles e foram felizes para sempre" (Carlos); "Isso significa que a história foi bonita e termina com os mocinhos se casando e sendo felizes pra sempre" (João); "Eu entendo mais ou menos disso... É que no meio do filme o cara e a mulher se apaixonam e daí no final eles se casam. Os dois pombinhos ficam felizes" (Luan). E ainda: "Eu, que gosto muito dos contos de fadas, eu sei. É que no começo das histórias as princesas eram muito infelizes... Eram as empregadas... No final elas se casam e vivem felizes pra sempre" (Elisa).

Diante disso, problematizo: Como as inúmeras imagens, presentes em sala de aula através dos brinquedos, livros

3. A Cultura Visual Produzindo Gênero

com contos da literatura clássica infantil, materiais escolares e outros, contribuem para constituir o imaginário infantil sobre o sentimento amoroso ligado a conjugalidade? Por que tal evidência está presente, principalmente, no universo feminino? As meninas consomem os contos de fada? O que esses clássicos narram para elas? Que representações de feminilidade as princesas da Disney instauram?

Livros Infantis das crianças (2008)

Menina com caderno da Cinderela (2008)

No artigo "As representações de crianças sobre a conjugalidade através da literatura infantil" (NUNES, 2007), ressalto que muitos artefatos culturais, entre eles os contos infantis clássicos, instauram maneiras de se pensar sobre o amor e a união de pessoas jovens/adultas. Afirmo que associar a frase "felizes para sempre" ao casamento certamente constrói subjetividades de que esse é um estado necessário na vida, trazendo, assim, questões que envolvem o amor romantizado como característico das meninas, pois elas criam o imaginário da espera do príncipe como salvação de problemas e de que ele esse irá proporcionar-lhe a felicidade.

Costa (1998, p. 18) afirma que "o romantismo foi e continua sendo uma das marcas registradas da cultura ocidental". Ainda se trata o amor como tendo ligação íntima com o casamento, e as crianças reproduzem tal crença, ao mesmo tempo em que vivenciam novas maneiras de relacionamentos amorosos, já que inúmeras famílias apresentam diferentes formas de configuração. Mesmo que o romantismo, na época atual, entre em decadência, inúmeros são os artefatos que o reproduzem, principalmente aqueles ligados aos personagens femininos dos desenhos animados, dos brinquedos, dos livros.

3. A Cultura Visual Produzindo Gênero

Diante disso, que atitudes sociais são previstas para as meninas e para os meninos através das narrativas dos desenhos animados, por exemplo?

Em seu estudo sobre gênero e sexualidade nos desenhos da Disney, Rael (2007) aponta que os desenhos animados constituem-se como uma pedagogia cultural na qual são instituídas formas de agir socialmente. A autora (2007, p. 160) ressalta que "assistimos aos desenhos sem perceber que eles estão nos constituindo e ensinando o que é ser mulher, ser homem, ser criança, ser branco ou ser negro".

As meninas são apresentadas, de forma efetiva e contínua, a uma maneira dócil e meiga de conviver no mundo: "Nos desenhos animados são apresentadas determinadas formas de feminilidade (e também de masculinidade), são enfatizados determinados comportamentos, gestos e posturas..." (RAEL, 2007, p. 169).

Diante das "influências" e da constituição de comportamentos masculinos e femininos, destaco que foi interessante verificar a "paixão" de um menino pelos personagens Naruto e Ben 10.[10] Ele demonstra estar totalmente envolvido com a história dos personagens e apresenta o intenso desejo de ter algumas características deles:

> Eu queria ser igual ao Ben 10! Eu gosto de *aliens* e também do Chama, que atira fogo. O Diamante atira diamantes que cortam os outros. Olho o Naruto, no 5, todos os dias às 11 e pouco. O Ben 10 vira os braços pra bater nos outros, mas ele é do bem. Eu gosto do relógio

---

[10] Naruto e Ben 10 são desenhos animados, veiculados na rede aberta de televisão, com personagens repletos de superpoderes que vivem aventuras cheias de lutas e no estilo japonês.

dele que fica guardado no braço. Quando eu crescer eu posso ser igual ao Ben 10. Eu tenho o vídeo game dele, o caderno, as canetinhas e as figurinhas. Fui eu que comprei. Hoje eu quase chorei porque morreu uma guria que o Zabuza treinava. O Naruto matou ela com um poder porque ela era do mal. Antes ela era do bem, mas depois ficou do mal (Fábio).

Sua admiração é demonstrada pelos diversos materiais e brinquedos trazidos para a sala de aula:

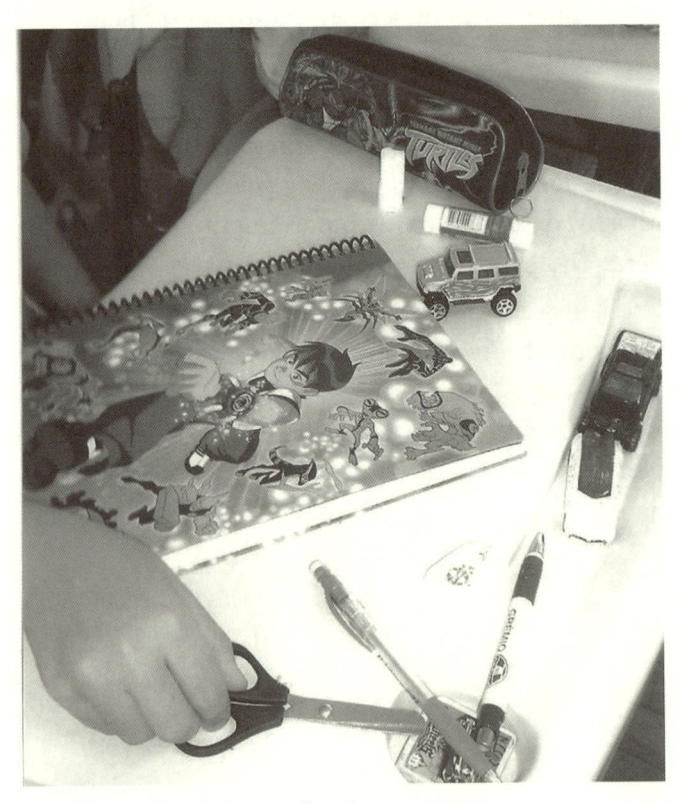

Menino com materiais do Ben 10 (2008)

3. A Cultura Visual Produzindo Gênero

Meninos brincando com cartas do Naruto (2008)

Esses exemplos evidenciam como as crianças percebem suas atribuições sociais de gênero e como elas incorporam as maneiras socialmente aceitas de viver no mundo. Será que admitem outros modos?

A necessidade de constante diferenciação entre atitudes, materiais e brincadeiras femininas e masculinas revelou um dado até então ocultado pelo grupo de estudantes. Fiquei surpresa ao escutar algumas vozes e discursos que evidenciaram o preconceito àquelas pessoas que não atendem aos comportamentos considerados naturais para cada gênero. Ao conversarmos sobre a escolha de seus cadernos, um menino realizou uma afirmação que recebeu gestos corporais de aceitação de alguns colegas:

> A gente é menino, não é bichinha. Seria bichinha se tivesse desenho de menina, com caderno de cheirinho, brilho, adesivo que muda de posição. Isso é proibido pros meninos. É fora da lei! Esse caderno é proibido pros meninos, se não vão achar que eles são meninas ao invés de menino. Meu próximo caderno tem que ser de carro, paraquedas ou herói. Ou um caderno animado. Qualquer tipo que seja de guri. Agora, podia ser do Ben 10 que dá na TV (Otávio).

Ao escutar isso, outro estudante ressalta com tom de voz alto e determinado:

> Eu gosto de aventura e não ia gostar de caderno de menina. A gente não curte coisa de menina. A gente não é bicha. Quem gosta é guria. É o fim da picada: menino com coisa de menina é estranho, esquisito. As meninas usam aqueles cadernos porque os personagens são meninas e fazem coisas de meninas... Coisas rosas... Vestidos... Tamancos... Casacos com pêlos... Batom... (Diego).

Uma menina também evidencia uma sutil fala preconceituosa ao mesmo tempo em que ressalta o discurso de que todas as pessoas têm direito a escolher as atividades que consideram positivas para si: "Eu conheço uma menina que tem jeito de guri. Ela só gosta de carrinho. Mas menino pode brincar de Barbie e menina pode brincar de carrinho. Todos têm direito" (Lúcia).

Diante de tais evidências, reflito: Por que nos enquadramos em determinados padrões de comportamentos? Quais

3. A Cultura Visual Produzindo Gênero

os tipos de "sofrimento" que sentem aqueles sujeitos que não se adaptam ao que é comumente aceito? O que fazemos para sermos aceitos nos grupos de convivência? O que os filmes, desenhos animados, revistas, personagens infantis e outros elementos visuais narram sobre aqueles que não apresentam comportamentos condizentes com o padrão vigente?

Ao pensar sobre isso, também constatei que surgiram dissonâncias ao que foi apresentado até o momento. Ou seja, algumas crianças reproduziram discursos de contrariedade às atribuições sociais específicas dos meninos e das meninas. Quando meninas pintavam o livro da Moranguinho, uma das estudantes apresentou a seguinte argumentação de contrariedade à identificação de suas colegas com a personagem: "Eu não queria ser igual a ela, eu me acho bonita. Ela é bonita, mas eu também sou e eu gosto de mim assim. Ela não existe, existe só na TV, nos DVDs, revistas, livros, gibis, shows na TV, no shopping" (Roberta). No encontro VII, enquanto conversávamos sobre o porquê das meninas gostarem das princesas, uma aluna falou: "Nem todas as gurias gostam de princesas, e isso eu não sei por quê. Que nem eu... Eu não gosto porque eu acho muito menininha e infantil" (Bia).

Quando um menino afirmou que meninas não gostam de lutas e de violência nos desenhos animados, uma menina levantou-se e, com voz altiva, disse: "Tem menina que gosta também. Nada a ver. Eu jogo vídeo game. Brinco de luta com meus primos quando vô na casa deles. Quando vô na casa deles a gente brinca de bicicleta, de cientista, de computador, de bicicleta e de futebol" (Gabriela).

Essas falas evidenciam uma certa "ruptura" ao que, comumente, é transmitido às meninas sobre suas maneiras adequadas de ser e de agir socialmente. Fica ilustrado que as estudantes vislumbram uma certa "mudança" nos padrões de comportamentos femininos, nos quais é privilegiada uma mulher mais independente. Elas já vivenciam, em suas famílias, nas novelas, nos filmes, nas revistas, nas histórias em quadrinhos e nos contos de seus personagens preferidos, uma modificação nas relações interpessoais entre homens e mulheres.

Mesmo sonhando e imaginando as roupas e as histórias românticas e de amizade de suas personagens preferidas, elas também demonstram que admiram e almejam um estilo de vida que procura ser independente, dinâmico, com sucesso profissional e adaptado à moda. Os profissionais ligados à produção da Moranguinho, da Barbie e das Princesas já se adaptaram aos novos anseios das meninas produzindo bonecas (e seus complementos) adaptadas às novas possibilidades de relacionamentos sociais.

Agora, são as meninas que buscam os "guris" no shopping, que pagam as contas, que têm cartões de crédito e cheques e que organizam os seus dias com programações intensas. Em um texto produzido pelas crianças, fica evidente esse novo olhar: "Eu vou comprar! Com o meu cartão de crédito... E eu com o meu cheque... Depois vamos para casa e vamos buscar os guris no bar da esquina! Depois do shopping eu vou pra balada, tu quer ir junto? Eu pago tudo!" (Bia e Roberta).

É interessante perceber que elas estão vivenciando outras maneiras de se relacionar socialmente e deixam transparecer isso, através de suas preferências por certos personagens, como a Barbie e a Moranguinho, que apresentam um estilo de vida jovial, independente e que atende a determinados padrões de beleza. Hernández (2000, p. 107) afirma que os aspectos culturais de determinados grupos sociais é

3. A Cultura Visual Produzindo Gênero

que determinam como nos constituímos enquanto sujeitos: "Somos organismos que utilizam a linguagem e não podemos escapar do efeito da influência das práticas discursivas da cultura (do tempo) e do poder que o acompanha, e que repercute em nossas formas de compreender e interpretar os fenômenos sociais".

As imagens que invadem as salas de aula, através de materiais escolares, roupas, acessórios, desenhos animados, filmes, tatuagens e brinquedos, produzem um discurso sobre a maneira "adequada" de meninas pensarem e agirem socialmente. Padrões de gênero são demarcados e delimitados pela cultura visual que, atualmente, atende a um mercado de consumo cada vez mais específico para as meninas. Elas não só corporificam as maneiras de ser de suas personagens, mas também desejam adquirir diversos produtos relacionados – nesse caso, a Barbie, a Moranguinho, a Pucca, a Hello Kitty e as Princesas da Disney. Assim, a reflexão que segue no próximo item é sobre o consumo de produtos específicos pelas crianças.

"Eu já sei o que vou comprar!": desejos de consumo

A constatação de que as crianças apresentam seus desejos de compra determinados, muitas vezes, pelo arsenal de imagens veiculadas por propagandas e diversos tipos de programas televisivos fez originar este foco analítico que pretende pensar sobre as imagens como instauradoras de desejos de compra. Isso aconteceu porque percebi que os estudantes apresentam a necessidade de aquisição constante de produtos que têm destaque e significativa circulação entre os componentes da turma em sala de aula. Eles procuram adquirir materiais, roupas, brinquedos e acessórios relacionados aos seus personagens preferidos ou aos produtos que estão na moda. Esse desejo de aquisição é fomentado por uma avalanche de imagens que circulam, articuladamente, na mídia televisiva (propagandas e desenhos animados), na mídia impressa (jornais ou revistas), na internet e, principalmente, na mochila e na casa dos colegas. Toda novidade que surge em sala de aula acaba transformando-se no objeto de desejo de todos, ganhando a insistência para a compra no âmbito familiar. Assim aconteceu com os tênis com rodinhas, com as bonecas Polly, com as cartinhas do Naruto, com os carrinhos de corrida de um filme infantil, com as tatuagens do desenho animado do Bob Esponja, com a casa e o carro da Barbie e com diversos outros produtos que, se não consumidos pelas crianças, causam nelas a sensação de não pertencimento ao grupo com que convivem. Nesse caso, as condições de consumo determinam os relacionamentos sociais.

Sobre isso, Momo (2008, p. 5) apresenta importante contribuição ao considerar as transformações sociais de consumo ligadas à contemporaneidade:

> Entre as configurações desse surpreendente mundo contemporâneo, está o vertiginoso volume de informações, o excesso de imagens que passam por nós (e pelas quais passamos: outdoors, revistas, televisão, internet etc.), a efemeridade de bens materiais e culturais, a demasiada oferta de bens e serviços de consumo, a globalização de mercadorias, de modos de vida e de costumes. [...] Em um

3. A Cultura Visual Produzindo Gênero

> mundo altamente tecnológico, velocidade e fugacidade compõem um estado de constante insastifação e obsolescência: sempre há algo de novo a que não temos acesso, e parece que nunca atingimos a linha de chegada. Experimentamos a desqualificação das formas de vida que não se inscrevem no universo midiático, de consumo e tecnológico.

A mesma autora (2008, p. 6) ainda ressalta que a nossa sociedade está organizada para o consumo de bens materiais e culturais: "O mundo de hoje engaja seus membros na sociedade em função de sua condição de consumidor". Com isso, o consumo é uma temática que apresenta reflexões diferenciadas para as gerações que estão inseridas nas escolas, especialmente para aquelas que estão na Educação Infantil ou nas Séries Iniciais do Ensino Fundamental. Isso acontece porque as crianças estão submersas num articulado sistema social, no qual se vende aquele produto que apresenta a propaganda mais eficiente e se insere num grupo aquele sujeito que consegue comprar.

Felipe (2007), em sua obra "Erotização dos corpos infantis", revela que as crianças foram "descobertas" como consumidoras em potencial a partir da década de 50 do século XX, através do surgimento das novas tecnologias (após a Segunda Guerra). Ela exemplifica que a expansão do ser infantil como consumidor pode ser verificada em diversos estabelecimentos comerciais que reservam um espaço exclusivo aos produtos infantis e também com a mídia televisiva, que se preocupa em veicular propagandas de produtos nessa faixa etária, em horários específicos, nos quais se pressupõe que as crianças estão assistindo à televisão. Sobre isso, a mesma autora (2007, p. 56) ainda afirma: "Com o surgimento dos veículos de comunicação de massa, em especial a TV, as crianças passaram a ser vistas como pequenos consumidores e a cada dia são alvos constantes de propagandas".

Além disso, as possibilidades de compra do mundo infantil são inesgotáveis e com fácil e rápido acesso. É possível obter qualquer produto com rapidez, usufruir dele por pouco tempo, descartá-lo e procurar um novo material para voltar a adquirir. Os desejos de compra das crianças são dinâmicos e mutáveis, ou seja, se antes um brinquedo, um material escolar, uma roupa ou a preferência por um determinado personagem perdurava por longos meses ou até anos, agora os estudantes expõem que seus anseios de consumo e suas preferências mudam em questão de poucas semanas.

Isso foi o que aconteceu no decorrer desta pesquisa, pois verifiquei que os personagens prediletos das crianças no início do ano letivo de 2008 (período referente à coleta de dados desta pesquisa) não condizem com as suas preferências no decorrer do ano. Diante disso, os brinquedos, personagens, roupas e materiais escolares são descartáveis e empilham-se apenas pela necessidade de consumir algo novo.

As prioridades de consumo das crianças mudam em pouco tempo e estão em constante transformação. Elas ficam "enjoadas" de assistir a um mesmo desenho animado na televisão e não gostam de um personagem por muito tempo. Essa constatação também foi verificada durante a conversa instigada pela questão "Por que vocês escolhem materiais escolares decorados com os personagens dos desenhos?". A partir disso, os alunos iniciaram uma discussão que evidencia que seus desejos de aquisição por determinados personagens e por toda a sua linha de produtos muda com intensa rapidez: "Antes do Ben 10 eu gostava do Power Rangers" (Otávio). Outro menino complementa: "Que Naruto... Antes eu gostava. Eu vi uma vez e gostei, só que aí repete muito a temporada e aí já enjoou. Agora eu olho Dragon Ball, que agora dá uma nova série no Cartoon" (Lucca). Seguindo na discussão, um menino ressalta que seus materiais escolares já estão desatualizados, pois agora ele gosta de outro personagem dos desenhos animados: "Eu quero dizer que eu também enjoei... Agora eu vejo Pokemom quando eu chego da escola. Tenho até que comprar outro caderno!" (Yan).

Outro ponto relevante de reflexão está relacionado a um fato "novo" no âmbito escolar, pois as crianças descobriram que comprar pela Internet é muito mais fácil e rápido. Enquanto a mesma discussão anterior transcorria, uma das crianças fez questão de destacar suas experiências de compra *on line*, sugerindo, assim, que ele está mais atualizado em relação aos seus colegas no que se refere às técnicas de consumo. Ele relata o seguinte: "Eu gosto de comprar coisa pela internet. Eu acho que pela internet é melhor. Dá pra ficar ali horas escolhendo, e eu não preciso sair. Nas lojas não dá pra demorar muito" (Luan). Esse mesmo menino é surpreendido pela fala "irônica" de uma menina, que afirma que essa prática já é comum entre os componentes da turma: "Hããããã! Todo mundo aqui já comprou pela internet! É claro que é bem melhor!" (Lúcia).

Em seu estudo, Momo (2008, p. 6) apresenta importantes considerações para se pensar a infância consumidora da contemporaneidade. Para isso, ela relata a reconfiguração das concepções de infância que aconteceu no final do século XX:

Em relação às crianças, as mudanças nas configurações culturais do mundo têm alterado a forma como se aprende sobre a infância. Se no passado se aprendia a ser criança através da igreja, da família, da escola e de outras instituições modernas, na pós-modernidade o aprender a ser criança e a ideia que se tem de infância amplia-se para além dessas instituições. Cada vez mais as crianças aprendem o que é viver a infância por meio da mídia e do consumo.

A publicidade busca atrair a criança para a compra de produtos específicos, produzindo o seu desejo de consumo. Ao mesmo tempo, as opiniões das crianças determinam as estratégias de *marketing* veiculadas pela mídia em geral. Com isso, a chamada sociedade de consumo é produzida por um jogo sedutor que envolve os sentimentos de querer, obter e descartar. Todos os materiais que são levados para a escola representam os produtos que estão circulando pela mídia em geral, e as crianças mostram suas potencialidades de interação constante com novos lançamentos. Segundo Momo (2008, p. 8):

> O que hoje é publicamente valioso amanhã já pode não ser, de modo que as crianças parecem nunca possuir o suficiente. Muitos artefatos se tornam obsoletos no mesmo instante em que deixam de ser visíveis na mídia, principalmente na mídia televisiva. O que as crianças levam para as escolas, e o que desejam levar, é o que consideram publicamente valioso, facilmente reconhecido e desejado.

As propagandas são direcionadas especificamente às crianças, e elas também não querem que seus pais ou familiares escolham seus materiais. Muitas vezes, os estudantes é que influenciam na escolha de produtos e marcas que serão consumidas pela família. A seguinte fala evidencia que os consumidores infantis apresentam poder de decisão em suas escolhas: "Eu escolhi meu caderno, porque se a minha mãe escolhe eu não uso. Ela não sabe escolher pra mim. Eu não gosto. Acho muito feio. Ela só compra coisa que eu não gosto. Eu acho na loja e mostro qual eu quero" (Nicole).

Diante disso, os materiais consumidos pela infância ajudam a modelar identidades femininas e masculinas, já que também apresentam produtos específicos não só para cada faixa etária, mas também para cada gênero. A demarcação dos limites entre o que as meninas e os meninos consomem é bastante visível, desejada e propagada por todos. As crianças não consomem somente os produtos, mas sim todos os valores sociais que esses mantém e propagam. Segundo Sabat (2007, p. 152), as imagens de homens e de mulheres são consumidas, estabelecendo identidades de gênero: "As imagens carregam sentidos, apresentam hábitos, modos de vestir, comportamentos, que constituem identidades".

As imagens veiculadas por diversos meios de comunicação representam um mecanismo educativo eficiente, que instaura modos de ser e de estar presente no mundo, que formula identidades de gênero e que exclui outras possibilidades de convivência. As imagens publicitárias não inventam coisas, pois estão relacionadas com os desejos e com os conhecimentos que circulam na sociedade. Sabat (2007, p. 150) colabora com essa discussão ao afirmar que:

> As imagens produzem uma pedagogia, uma forma de ensinar as formas do mundo, produzem conceitos ou pré-conceitos sobre diversos aspectos sociais, produzem formas de pensar e agir, de estar no mundo e de se rela-

cionar com ele. A construção de imagens que valorizam determinado tipo de comportamento, de estilo de vida ou de pessoa, é uma forma de regularização social que reproduz padrões mais comumente aceitos em uma sociedade.

Diante disso, que representações de feminilidade as crianças estão consumindo através da aquisição dos produtos relacionados aos seus personagens preferidos? O que tais produtos falam e ensinam sobre ser menina? O que uma menina realmente consome quando afirma: "Eu tenho tudo da Barbie porque eu brincava... A única coisa que eu não tenho é o sapatinho" (Nicole).

As crianças vivenciam experiências sociais ligadas à separação de objetos de consumo feminino e masculino. Segundo Felipe (2003, p. 125), o feminino está ligado ao desejo de obtenção de produtos e de comportamentos das personagens:

> Se observarmos as propagandas de brinquedos dirigidas às meninas, também veremos que elas investem de forma importante na ideia de cultivo à beleza como algo inerente ao feminino, aliada sempre ao supérfluo, ao consumo desenfreado, ou seja, não basta ter apenas a boneca Barbie, Susi ou Polly, é preciso ter todos os modelos e variações da mesma boneca e seus respectivos acessórios.

Através das imagens a seguir, as meninas da turma pesquisada demonstram o consumo de materiais das "Princesas" (personagens da Disney) e da boneca Barbie. Nesse caso, elas não estão consumindo somente um produto, mas sim toda uma rede de representações que ensina como as meninas devem ser, agir e pensar. O estojo da Branca de

3. A Cultura Visual Produzindo Gênero

Neve combina com todos os outros materiais e com acessórios corporais (brincos, adereços de cabelo, tatuagens), tornando a menina visível, enquanto consumidora, perante os demais. Elas não consomem, unicamente, a imagem das Princesas ou da Barbie, mas também seu estilo de vida e suas histórias repletas de *glamour* e de romances.

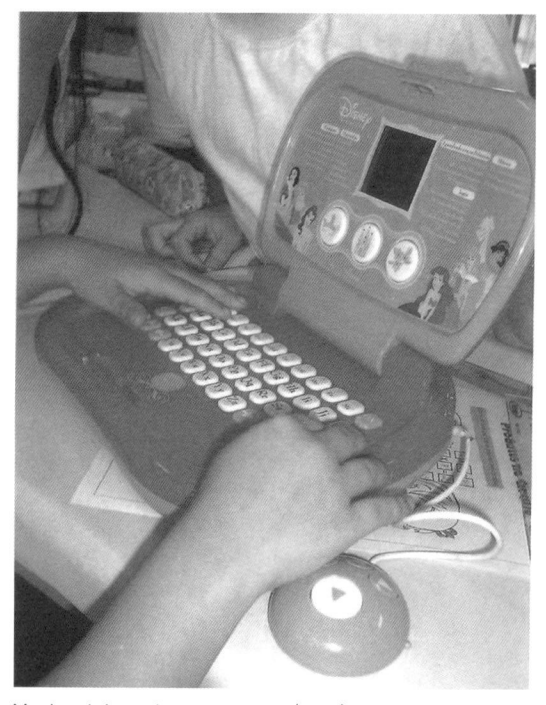

Meninas brincando com o *laptop* (2008)

As Imagens que Invadem as Salas de Aula

Meninas com materiais das princesas (2008)

Menina com figurinha da Branca de Neve (2008)

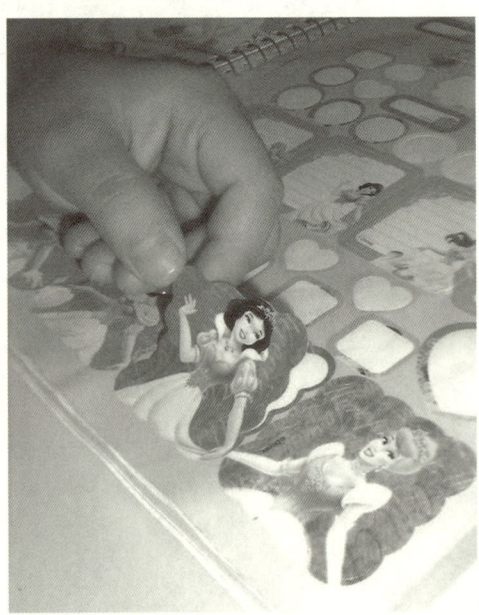

3. A Cultura Visual Produzindo Gênero

Mochila das Princesas da Disney e Barbie (2008)

Os produtos consumidos pelos meninos, porém, correspondem ao ideal de comportamento previsto para o masculino, sempre ligado aos rostos ofensivos de seus personagens e a demonstrações de poder (superpoderes) e de coragem. É o caso dos produtos consumidos pelos meninos (ver imagens das páginas 77 e 86).

Junto ao consumo de determinados produtos, as crianças também desenvolvem sentimentos de admiração (mesmo que momentânea) para com os personagens de suas aquisições. É incrível como os estudantes realizam relatos detalhados de seus programas e personagens preferidos, além de evidenciarem intensa paixão por eles. Ao falar sobre um desenho animado específico (instigado pela questão "Por que meninas e meninos não escolhem os mesmos tipos de caderno?"), um menino diz: "Eu peguei esses materiais porque eu sô fanático pelo Ben 10. Eu não sei por que, só sei que eu olhei a primeira vez e me apaixonei" (João). Outro menino complementa, com tom de fala mais forte e altivo, sobre seu caderno do Ben 10: "Foi amor à primeira vista" (Yan).

A admiração a determinados personagens é materializada, até mesmo, pela inscrição corporal de tatuagens que combinam com outros acessórios e pela aquisição de produtos com estampas de seus personagens prediletos. É o caso da menina que combina o uso dos diversos produtos da Hello Kitty,[11] do menino que se mostra fã dos Power Rangers e de outra criança que consome os produtos do Homem-Aranha:

Menina com tênis e tatuagem da Hello Kitty (2008)

---

[11] Hello Kitty apresenta a forma de uma gatinha branca com traços humanos (sem boca). É um desenho japonês criado em 1974.

3. A Cultura Visual Produzindo Gênero

Menino com mochila dos Power Rangers (2008)

Menino vestindo a camiseta do Homem-Aranha (2008)

Além de determinarem os produtos que querem comprar, as crianças também já escolheram o local e as suas lojas preferidas, evidenciando suas habilidades enquanto consumidoras. Devido a fatores de segurança, oferta de diferentes produtos e *status* social, o shopping é o lugar destacado pelos estudantes para realizarem suas compras.

No momento em que produziam textos com diálogo entre dois personagens fotografados, uma dupla de crianças comentou que iria ao shopping no final da aula. A partir desse comentário, surgiram diversos outros: "Eu já sei o que vou comprar, é tipo uma bata maravilhosa, branca, lá no shopping" (Lúcia). "No shopping é legal porque dá pra comprar um monte de coisa. Ainda mais pras mulheres. Roupa, bolsa, carteira" (Higor). "Eu acho muito legal ir no shopping porque lá tem muitas coisas pra fazer. Lá tem muita loja pra fazer compra" (Yas). E ainda: "Eu gosto de ir no shopping. Sempre que eu vô no shopping... A gente vai no cabeleireiro. A gente vai comprar na Lilica Repilica, na Tok..., na C&A e num monte de loja. Só pra escolher uma roupa a gente leva quase duas horas" (Nicole).

Diante disso problematizo: por que o shopping é o local escolhido pelas crianças da turma para o consumo? Como são inseridos nos grupos de sala de aula aquelas crianças que não vão ao shopping para fazer suas compras? Por que as crianças escolheram tal lugar?

Enquanto pesquisadora e educadora, percebo que os estudantes tornam-se consumidores eficientes e habilitados a adaptarem-se às novidades do mercado, pois eles classificam os produtos que condizem com a sua faixa etária, consomem aquilo que julgam que será bem aceito pelo grupo de colegas e determinam o local em que querem comprar. Eles

3. A Cultura Visual Produzindo Gênero

são, realmente, instituídos enquanto consumidores e sabem que a obtenção de determinados produtos qualifica a sua interação no grupo. Segundo Momo (2007, p. 10), "as crianças vivem o mundo das visibilidades no qual, mais do que ter, é importante parecer: parecer ter, parecer ser".

Dornelles (2005, p. 90) realiza importante contribuição sobre a constituição das crianças enquanto consumidoras:

> As crianças pós-modernas são capturadas pelas regulações de poder. Elas aprendem desde cedo que consumir é possuir determinados objetos ou demarcadores sociais, adotar certo estilo de vida é "condição" necessária para a "felicidade", é ter poder. Portanto, consumir é, também, uma forma de poder, um modo ou um estilo de autossubjetivação ou de governo de si.

Outro ponto que considero importante para problematização dá origem ao próximo foco analítico desse estudo, que é o consumo de determinados padrões de beleza. As meninas participantes dessa pesquisa evidenciaram que buscam, constantemente, enquadrarem-se nos padrões vigentes de moda. As preferências e os desejos de compra das crianças são demarcados por fatores sociais que produzem a necessidade de obtenção de produtos específicos. Nesse caso, o consumo está diretamente ligado aos padrões de beleza estética aceitos socialmente.

Certamente, a boneca Barbie e as Princesas da Disney são um dos artefatos que instauram maneiras de ser menina e esses modos de agir e de pensar socialmente, estão diretamente ligados à importância de estar inserido e de consumir um determinado padrão de beleza. Assunto, para o próximo item de reflexão.

"Eu queria ser igual a elas!": a busca pela beleza

Diante da retomada das informações coletadas e da constante interrogação a tudo aquilo que vivenciei enquanto pesquisadora e educadora com as crianças envolvidas nesse estudo, percebi a presença significativa de falas, gestos, produções escritas e fotografias que apresentavam discursos semelhantes relacionados à produção cultural do corpo. Diante disso, passei a problematizar as representações do corpo feminino e como essas se naturalizaram através das seguintes perguntas: Que tipo de padrão estético de beleza a boneca Barbie e a Moranguinho constroem? Quais as imagens femininas mostradas pela maioria das revistas? Como o corpo feminino está presente na publicidade? Como as meninas constituem um desejo de consumir e alcançar determinados padrões estéticos de beleza? Quais os corpos que não estão presentes nas personagens preferidas das crianças e nas imagens publicitárias das revistas?

Essas questões emergem e provocam-me de maneira peculiar no momento em que vivencio a angústia de alunas (com apenas oito ou nove anos de idade) relacionada à sua aparência física. Diversas vezes as meninas expressaram intensas inquietações e frustrações sobre seu corpo, manifestando o desejo de fazerem dietas, de usarem roupas que valorizem determinadas partes do corpo (sutiãs com enchimento, por exemplo), de esconderem-se atrás dos colegas para tirar uma foto (para não deixarem que registrem o suposto peso indesejado) ou de chorarem diante de ofensas dos meninos, que também sabem expressar seus padrões estéticos preferidos. Tudo isso em um universo in-

3. A Cultura Visual Produzindo Gênero

fantil onde a aparência física magra é almejada por todas as meninas e reverenciada pelos meninos.

As imagens, junto a outros artefatos culturais, constituem um imaginário de beleza física ideal, e as meninas buscam isso constantemente. As fotografias a seguir evidenciam que os padrões estéticos para o corpo feminino são produzidos numa rede sutil de significações. As fotos desencadeiam as seguintes questões: Que inferências são realizadas pelas meninas diante das imagens que elas veem nas revistas a seguir? Que padrões estéticos são apresentados? Que corpos são fabricados por essas imagens? O que essas imagens falam constantemente para as meninas? Como o padrão estético atual ganhou legitimidade social?

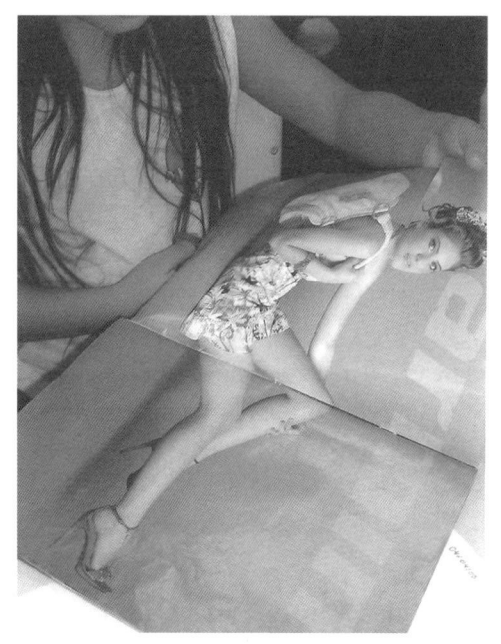

Menina observando uma revista (2008)

Menina folheando a revista *Quem* (2008)

As meninas "sofrem" com a ditadura da beleza ao mesmo tempo em que buscam enquadrarem-se aos padrões determinados. Durante outro momento em sala de aula – no qual a discussão foi gerada a partir da pergunta: "Como são os homens e as mulheres dessas revistas?" – uma menina evidenciou seu desejo de adequar-se a um padrão estético de beleza física ao dizer: "Eu queria ser igual a elas porque elas são lindas, elas são modelos, são modernas e usam roupas extravagantes" (Bia).

O corpo almejado pelas meninas é constantemente produzido, fabricado e moldado culturalmente, pois, a todo o momento, novas técnicas surgem para que a forma física seja modificada. Queremos alcançar a magreza, a saúde, os cabelos lisos, uma pele sem manchas e sem pêlos, um rosto com um sorriso perfeito e clareado. Tudo isso são discursos que as imagens instauram e perpetuam, cotidianamente, através de revistas (com fotografias publicitárias, manipuladas, de modelos supostamente "perfeitas"), de livros infantis que apresentam princesas belas, das bonecas com cabelos longos e corpos magros, dos anúncios de facilidades para tratamentos e de cirurgias estéticas e dos diversos outros mecanismos que circulam, também, no universo infantil feminino e masculino.

3. A Cultura Visual Produzindo Gênero

O corpo é produzido pela rede de significados culturais na qual estamos inseridos. Com isso, cuidar de um corpo feminino é, certamente, diferente de cuidar de um corpo masculino, porque as exigências, mesmo que sejam semelhantes no que diz respeito à necessidade de investimento na saúde, não são as mesmas. A ideia da busca constante da beleza tem sido expandida como algo inerente ao feminino. Segundo Felipe (2007, p. 54), "ao longo da história e nas mais diferentes culturas, o corpo tem sido pensado, construído, investido, produzido de diferentes formas... Corpos femininos e masculinos não têm sido percebidos e valorizados da mesma forma".

A mesma autora (2007, p. 55) ressalta que, atualmente, o corpo está sendo montado e esculpido para atender a um determinado padrão de beleza estética. Um corpo cirúrgico, fabricado e produzido para ficar no centro das atenções e como desejo de consumo para qualquer faixa etária:

> Tal preocupação tem atingido não só as mulheres, mas também as meninas, pois é comum observarmos em suas falas e comportamentos uma grande preocupação com a aparência... O constante apelo à beleza, que se expressa através de um corpo magro e jovem, e que, para se manter dentro desses padrões, precisa cada vez mais se submeter a sacrifícios e cuidados, tem encontrado acolhida não só entre mulheres mais maduras, mas também entre as jovens e meninas. Elas frequentam cada vez mais cedo as academias de ginástica, se submetem a cirurgias plásticas, fazem dietas, estabelecem pactos entre amigas (ficar dois meses sem tomar refrigerantes, por exemplo), tudo em nome da beleza.

O corpo é delimitado no tempo em que se vive e onde se vive, por isso devemos percebê-lo não só biologicamente, mas como algo construído pela sociedade. "Pensar o corpo assim é pensá-lo como um constructo cultural" (FIGUEIRA, 2007, p. 126). Dessa maneira, ele está em constante transformação, sendo culturalmente modificado pelos próximos anos. Segundo Figueira (2007, p. 124): "Vivemos um momento em que o culto ao corpo se tornou quase uma obrigação. [...] Os corpos não só se tornaram mais visíveis como foram, também, objetos de investigação. Sobre eles se criam imagens, discursos, formas de admirá-los, de negá-los, de representá-los".

Corpos esculpidos permeiam, significativamente, as imagens do cotidiano. Estão nos desfiles de moda, nas revistas, no meio publicitário, nos programas televisivos, nos desenhos animados, nos livros, nos jornais, nos filmes, nas academias... Difícil seria não pensar sobre o nosso próprio corpo diante de tudo isso. Ou melhor, perceber que nunca chegaremos a uma plenitude de satisfação corporal, porque a cada dia que passa os padrões estéticos se modificam. Cotidianamente são criados novos produtos para provocar nossa curiosidade e para incentivar a constante busca pela suposta "perfeição". Figueira (2007, p. 126) contribui, novamente, ao identificar a impossibilidade de não se pensar sobre o corpo:

> Enfim, não são poucas as estratégias e os discursos elaborados e divulgados em nome do culto ao corpo dirigindo-se, por exemplo, à valorização da eterna juventude, à associação da saúde com a beleza e desta com a felicidade. Ter um corpo perfeito, trabalhado, esculpido à imagem e semelhança do desejo de cada um/a é uma tendência que

3. A Cultura Visual Produzindo Gênero

vem se firmando, fazendo parecer serem normais, inerentes, essenciais, portanto, "naturais" do viver a identidade contemporânea. Já não basta apenas ser saudável: há que ser belo, jovem, estar na moda e ser ativo. Há que se ter estilo criado e valorizado consoante às possibilidades e as informações disponíveis a quem quiser acessá-las. A opção é individual e depende do esforço, da dedicação, da disciplina e dos cuidados de cada um/a para construí-lo.

As meninas da turma na qual desenvolvi esta pesquisa demonstraram que convivem, intensamente, com inúmeras imagens que mostram como deve ser um corpo feminino. Os meninos também evidenciaram isso através de suas falas e atitudes, que valorizam determinados padrões estéticos, sendo bastante incisivos em suas opiniões sobre beleza. Quando questionados sobre suas opiniões acerca da aparência física das mulheres que aparecem nas revistas, um deles relata: "Só não é feia se tiver um corpo bonito, com pele branca, seios volumosos, com silicone, pé normal, 100% cheio de silicone. Isso é ser bonita!" (Lucca). Outro menino complementa: "Mulher tem que ser bonita e magra" (Nico).

Quando perguntado sobre como são as meninas nos desenhos animados que assiste, um menino (fã do desenho animado Naruto) relata sua admiração por uma personagem e ressalta os aspectos que uma menina deve ter para ser considerada bonita por ele: "Eu acho a Tentey bonita porque é loira. Se ela tivesse o cabelo solto ia ser mais bonita" (Fábio).

Diante desses padrões de beleza, pergunto: Quais das imagens a seguir atendem ao que os meninos da turma consideram belo e que, ao mesmo tempo, fabricam tais preferências? Que tipos de corpos são apresentados?

Menina com a revista *Caras* (2008)

Menina com caderno da Cinderela (2008)

3. A Cultura Visual Produzindo Gênero

Os meninos relataram alguns padrões para uma mulher (ou menina) ser considerada bonita. Esses padrões são encontrados nas imagens acima? O feminino é loiro? Sua pele é branca? Seu corpo é esculpido e magro? Alguma das personagens tem silicone?

A cultura visual ensina como devem ser as meninas e quais as preocupações que devem estar presentes no seu dia-a-dia. As imagens registradas nesta pesquisa não mostram mulheres que estejam fora do padrão estético de beleza, mas é sobre elas que se fala o tempo todo. É ao corpo delas que todas temem chegar. Onde estão as personagens, ou outras imagens de seres femininos, que não atendem a um padrão estético de beleza determinado? Se existem tais imagens, porque não estão presentes nas fotografias dessa pesquisa?

É produtivo e desafiante pensar o corpo como algo construído socialmente. Goellner (2007, p. 28) realiza uma importante argumentação ao dizer que:

> o corpo é provisório, mutável e mutante, suscetível a inúmeras intervenções consoantes ao desenvolvimento científico e tecnológico de cada cultura, bem como suas leis, seus códigos morais, as representações que cria sobre os corpos, os discursos que sobre ele produz e reproduz.

A mesma autora (2007, p. 29) também destaca a linguagem como fator determinante para a produção dos corpos, já que é através dela que discursos são proferidos, expandidos e consolidados:

> O corpo é também o que dele se diz e aqui estou a afirmar que o corpo é construído, também, pela linguagem. Ou seja, a linguagem não apenas reflete o que existe.

Ela própria cria o existente e, com relação ao corpo, a linguagem tem o poder de nomeá-lo, classificá-lo, definir-lhe normalidades e anormalidades, instituir, por exemplo, o que é considerado um corpo belo, jovem e saudável.

Os discursos das revistas, dos livros infantis, das Princesas inseridas nos materiais escolares, das bonecas Barbie, dos brinquedos, dos álbuns de figurinhas e das tatuagens temporárias estão inscritos em relações de poder. Um poder que regula as atitudes, que fala como agir e o que dizer, que pressupõe até mesmo aquilo que se pode comer. Um poder que disciplina nossos comportamentos para a convivência social e que regula nossos desejos. Diante disso, o corpo é disciplinado e domesticado pela linguagem. "O corpo está preso no interior de poderes muito apertados, que lhe impõem limitações, proibições ou obrigações" (FOUCAULT, 1987, p. 118).

Ao feminino está definido o cuidado constante com seu corpo, a obrigação de mantê-lo belo e a responsabilidade por ingerir qualquer substância que não esteja prevista no código de condutas de uma dieta. "A disciplina fabrica, assim, corpos submissos e exercitados, corpos 'dóceis'" (FOUCAULT, 1987, p. 119).

As meninas aprendem, respondem e atendem a um código de condutas para a manutenção e busca de uma aparência física que esteja inserida em determinados padrões culturais. Essa afirmação torna-se ilustrada com situações de sala de aula, nas quais as meninas negam-se a realizar seu lanche para não correrem o risco de adquirir peso ou ainda de serem fortemente criticadas por seus colegas quando comem um bombom ou uma barrinha de chocolate. Assim, as

3. A Cultura Visual Produzindo Gênero

estudantes estão diante de um conjunto de "regras" para o desenvolvimento de seu corpo, ainda infantil, e desde cedo já aprendem e seguem as normalidades vigentes.

Nesse contexto, poder e saber se entrelaçam e acabam por compor novos campos de conhecimento, pois aprendizagens sobre o corpo são criadas e instituídas (muitas vezes, como únicas e verdadeiras). "O corpo, tornando-se alvo dos novos mecanismos do poder, oferece-se a novas formas de saber" (FOUCAULT, 1987, p. 132). Poder e saber embrenham-se um no outro e coexistem; por exemplo: cotidianamente são apresentadas novas "descobertas" sobre os alimentos (aqueles alimentos que antes eram os vilões da saúde e da busca de um corpo perfeito agora passam a ganhar credibilidade nas refeições), são criados e expandidos novos produtos nas prateleiras dos supermercados (é crescente o número de produtos *light* e *diet* oferecidos nos estabelecimentos comerciais) e é ampliada a comercialização de roupas que procuram disfarçar pequenas "anormalidades" corporais ou favorecer determinadas partes do corpo. Foucault (1987, p. 27) nos apresenta outra importante reflexão sobre a relação entre poder e construção do saber:

> Temos antes que admitir que o poder produz saber (e não simplesmente favorecendo-o porque serve ou aplicando-o porque é útil); que poder e saber estão diretamente implicados; que não há relação de poder sem constituição correlata de um campo de saber, nem saber que não suponha e não constitua ao mesmo tempo relações de poder. Essas relações de "poder-saber" não devem então ser analisadas a partir de um sujeito do conhecimento que seria ou não livre em relação ao sistema do poder; mas é preciso considerar ao contrário que o sujeito que conhece, os objetos a conhecer e as modalidades de conhecimentos

são outros tantos efeitos dessas implicações fundamentais do poder-saber e de suas transformações históricas. Resumindo, não é a atividade do sujeito de conhecimento que produziria um saber, útil ou arredio ao poder, mas o poder-saber, os processos e as lutas que o atravessam e que o constituem, que determinam as formas e os campos possíveis do conhecimento.

As imagens, articuladas a outros artefatos culturais, produzem saberes que ocasionam a disciplina dos corpos femininos, pois as meninas aprendem e seguem as regularidades previstas para seu corpo. Elas procuram manter-se "em forma", inserindo-se naquilo que Foucault (1987, p. 143) chama de *poder disciplinador*, que atinge seu objetivo não pela força ou pela opressão, mas sim por articuladas estratégias de convencimento e de encantamento:

> O poder disciplinar é, com efeito, um poder que, em vez de se apropriar e de retirar, tem como função maior "adestrar"; ou sem dúvida adestrar para retirar e se apropriar ainda mais e melhor. Ele não amarra as forças para reduzi-las; procura ligá-las para multiplicá-las e utilizá-las num todo. [...] A disciplina "fabrica" indivíduos; ela é a técnica específica de um poder que toma os indivíduos ao mesmo tempo como objetos e como instrumentos de seu exercício.

Olhares sobre o corpo são projetados e naturalizados através das relações de poder instauradas pelas imagens. A cultura visual, então, promove e perpetua discursos que acabam sendo refletidos nas práticas culturais, nos comportamentos cotidianos. As imagens exercem poder sobre as mulheres e meninas porque ensinam como deve ser o seu corpo.

3. A Cultura Visual Produzindo Gênero

A mídia publicitária, apresentada pelas revistas e é fortemente consumida pelas crianças, é um exemplo de como o corpo é planejado e instituído. As imagens das revistas correspondem a uma das instâncias que produzem o corpo, pois, através das tecnologias fotográficas, possibilitam uma prática possível para se alcançar uma aparência considerada bela. Passaremos, então, a procurar por toda a vida um corpo "perfeito", mas esse nunca será alcançado, porque nunca é o mesmo.

O corpo se tornou um local das tecnologias, das mudanças e das novidades constantes. Segundo Couto (2007, p. 177):

> As intensas transformações pelas quais o corpo está passando e, segundo os prognósticos, ainda passará, apresentam um conjunto de promessas, temores, sonhos e realizações inteiramente novos. Cada vez mais existe menos hiato entre a imaginação e o que pode ser realizado. A utopia tecnológica do corpo perfeito é, simultaneamente, idealizada e construída. [...] O que essa utopia promove é a indústria do *design* corporal que se converte num autêntico hino à liberdade. É anunciado a cada instante que cada um pode dispor das formas sonhadas, modificar e compor a aparência desejada, reforçar e dinamizar o funcionamento do seu organismo.

Sendo assim, cada um é responsável pela arquitetura de seu próprio corpo e deve sempre recorrer a atualizações. Diante disso, é possível estranhar que as meninas de oito e nove anos de idade já estejam preocupadas com sua aparência física (ainda em fase de crescimento)?

As meninas da turma demonstraram que já aprenderam sobre a "obrigação" de enquadrarem-se e de perceberem aspectos ligados a normalidade constituída para seus corpos. Elas apresentam a necessidade de ficar com o cabelo liso, de preocuparem-se com tudo aquilo que comem, de comprarem somente roupas da moda e de mostrarem os acessórios que podem ser usados ao mesmo tempo que repudiam outros.

Novamente, as crianças apontaram imagens (nas revistas) de mulheres que elas consideravam belas e das que não estavam inseridas em seus padrões estéticos, evidenciando, assim, suas aprendizagens sociais de atendimento ao que é "esperado" e "desejado" para o visual feminino: "Menina tem que se pintar pra ficar bonita!" (Yas). E ainda: "Essa aqui não é bonita porque tem o cabelo ruim" (Yan). Outro menino destaca que também deseja ter um familiar (no caso a sua mãe) que atenda ao que é considerado belo: "Tem umas mulher de revista que são bem bonita, tem um corpo bem formado, bem bonito. Essa é feia porque está toda escabelada e isso deixa a mulher muito feia. Eu xingo a minha mãe porque ela não quer pentear o cabelo" (Lucca).

Outro ponto importante para reflexão é que, para as meninas envolvidas nessa pesquisa, a beleza corporal também está associada a valores de convivência social. Ou seja, a beleza está diretamente ligada à bondade, à simpatia e ao estilo de vida jovial e dinâmico. Algumas falas e gestos das meninas, enquanto folheavam as páginas das revistas durante o encontro II, demostram que beleza não corresponde a expressões de maldade, de vulgaridade e de pornografia.

Algumas evidências sobre isso foram apresentadas pelas alunas enquanto conversavam sobre uma personagem de uma novela que fazia o papel de uma vilã e que, na imagem

3. A Cultura Visual Produzindo Gênero

da revista, estava com roupas íntimas: "Profe! Essa aqui é muito feia! Odeio ela! Ela é má. Ela é feia, horrorosa porque é muito má e se acha muito. Se eu encontrasse ela na rua não ia nem falar ou ia estapear ela" (Yas). A outra menina complementou: "Tem mulher que é feia pelo seu jeito. Essa tá fumando e isso é feio" (Elisa). E ainda: "Essa aí tá quase pelada! Não acho ela bonita!" (Gabriela).

As fotografias desse estudo não registraram somente as personagens preferidas das meninas, mas sim, de maneira subliminar, as atitudes, os comportamentos, as histórias e os corpos almejados pelas crianças. Isso aconteceu porque as estudantes se identificam com bonecas e personagens que usam roupas joviais e que tenham histórias que mostram a autonomia e a independência das meninas. Com isso, reproduzem um imaginário ideal de comportamento e de estilo de vida. Essa reflexão fica ilustrada pela fala de uma menina que materializou uma de suas representações sobre ser menina através do seguinte relato:

> Eu sô delicada, esperta e gosto de brincar com a Barbie, de ser professora e tipo assim... Eu monto um carrinho pras minhas Barbies. Eu acho a Barbie bem mais legal e bem mais bonita, porque o cabelo dela é bem mais bonito. O jeito dela se vestir é bem mais bonito e de se divertir também. O jeito que ela se veste é direito. Eu me visto parecida com a Barbie (Lúcia).

As personagens preferidas das meninas produzem comportamentos que perpetuam as qualidades pessoais de bondade, de respeito ao próximo e de angelicalidade como inerente ao feminino. E também constroem um ideal de corpo que é constantemente almejado. É o caso da Moranguinho e das princesas da Disney:

Meninas caminhando com mochilas (2008)

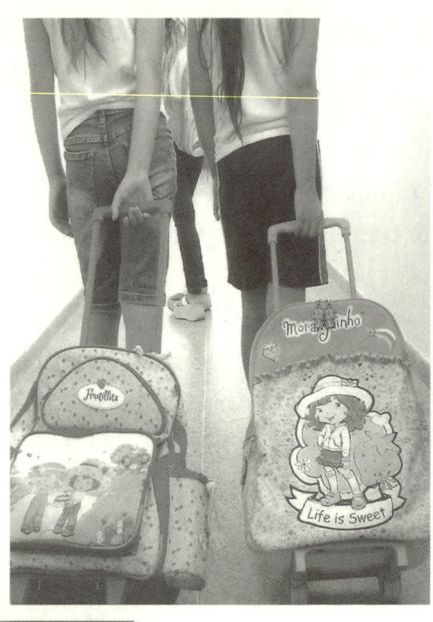

Livros infantis das crianças (2008)

3. A Cultura Visual Produzindo Gênero

Moda, corpo magro e modelado, sorriso clareado, estilo de vida dinâmico e meiguice são perspectivas que invadem o cotidiano das salas de aula através das inúmeras imagens que as crianças vivenciam. Eis questões que já não podem estar fora das discussões e das reflexões dos educadores e educadoras em geral.

Com esse eixo de problematização procurei verificar um dos aspectos de constituição de identidades femininas através da cultura visual em contexto escolar. Também refleti sobre as imagens que estão presentes na sala de aula e sobre como elas contribuem para a instituição de um ideal de corpo feminino. As estudantes evidenciaram suas representações sobre ser menina e a consolidação de padrões estéticos em seu universo visual.

Diante disso, análises finais não são permitidas, pois inúmeras questões emergem novamente: Enquanto educadora, que procedimentos pedagógicos posso adotar para contribuir para uma reflexão "menos inocente" dos estudantes perante a cultura visual? Ao pensar sobre as meninas da turma não deixei de contemplar as representações dos meninos. Por isso, problematizo: Onde estão os corpos masculinos? Que padrões são desejados e construídos para o corpo masculino através da cultura visual?

Após realizar reflexões sobre a produção do feminino através das imagens, passo, no próximo capítulo, a relatar projetos pedagógicos que procuram transcender a análise. Ou seja, busco proporcionar a visualização de práticas possíveis para o desenvolvimento de atividades significativas na área da cultura visual.

4. Trocando Experiências de Sala de Aula

Este é o momento no qual posso compartilhar as experiências dos trabalhos pedagógicos realizados com crianças de Educação Infantil e Séries Iniciais do Ensino Fundamental sobre a Cultura Visual. Com isso, tenho o objetivo de contribuir para que diversos olhares possam surgir entre educadores e educadoras que vivenciam, cotidianamente, a invasão de um vasto repertório de imagens nas salas de aula. Essas experiências são oriundas de projetos desenvolvidos nos anos de 2005 a 2009, e todos apresentam as imagens como principal alvo de problematizações e, principalmente, de criações. Serão sete projetos: *Desafio dos Sorrisos; Os Girassóis; A Bela Tarsila: refletindo sobre padrões de beleza; Um Flash na Natureza; Minha Camiseta; A Vida Pintada no Muro;* e *Iberê Tristonho*.

Desafio dos Sorrisos

Este projeto pedagógico em artes visuais surgiu durante a seguinte situação: convidei meus alunos e alunas para serem fotografados, em grupo, durante as primeiras semanas de aula.

A fotógrafa pediu um grande sorriso para cada uma das crianças. Diante disso, uma menina falou: "Eu não gosto de sorrir para tirar foto!". Outra discorda: "Todo o mundo tem que sorrir nas fotos, senão fica feio!". Na réplica: "Eu é que não sou falsa, não vou sorrir só para me mostrar!". Essas afirmações alimentaram uma pequena discussão que seguiu durante alguns minutos, e que despertou a ideia de trazer o gesto de sorrir e as imagens relacionadas a isso para reflexões em sala de aula, tendo em vista que "pessoas felizes e sorridentes" estão maciçamente presentes nas propagandas publicitárias como modelos a serem seguidos por quem as consome. Junto a isso, constatei a necessidade de cultivar valores de convivência essenciais para uma relação saudável entre os componentes da turma: amizade, cordialidade e cuidado para com o próximo.

Assim, a turma do terceiro ano do Ensino Fundamental (entre sete e oito anos) passou a trabalhar, durante duas semanas, com a temática dos sorrisos apresentados nas imagens publicitárias, principalmente nas revistas. Os principais objetivos estavam em promover reflexões acerca da construção social da felicidade, na qual o sorriso torna-se o símbolo da satisfação, do prazer e de algo essencial para os mecanismos de nossa sociedade voltada para o consumo, e também evidenciar que o sorriso pode ser um importante gesto de carinho e cordialidade para com o próximo.

Outros objetivos fizeram parte do projeto: interpretar as diversas informações contidas nas imagens publicitárias, compreender que os produtos comercializados apresentam imagens ligadas à busca da satisfação e do bem-estar individual e coletivo, desenvolver a formação reflexiva perante diversos fatos sociais, respeitar as diferentes opiniões sobre o assunto, reconhecer a importância de um sorriso para as

4. Trocando Experiências de Sala de Aula

relações sociais, promover a cordialidade e o cuidado com o próximo entre os componentes da turma, reconhecer que um sorriso pode ser mais valioso que muitas palavras no momento em que queremos fazer alguém feliz.

Para alcançarmos os objetivos elaborarei uma série de atividades. São elas:

1. *O Reino dos Sorrisos (Hora do conto).* Como motivação e reflexão inicial realizei a hora do conto interativa através da seguinte história:

O Reino dos Sorrisos

Existia um reino muito distante onde todas as pessoas viviam muito felizes. O motivo de tal felicidade é que cada uma tinha um cartão do sorriso (nesse momento a professora distribui um cartão que contém um sorriso para cada criança). Esse cartão tinha uma regra de utilização: toda vez que uma pessoa passasse perto de outra deveria dar o seu cartão, consequentemente, receberia também. Todos eram felizes porque trocavam sorrisos. No entanto, um dia, a cidade recebeu a visita de um forasteiro. Ele foi muito bem recebido por todos e também ganhou um cartão da felicidade. O seu coração estava repleto de entusiasmo e alegria, mas ele queria muito mais... Ele já não se contentava somente com um cartão e resolveu que, ao ganhar, não daria mais o seu sorriso (a professora passa a recolher alguns cartões). Aos poucos, o reino foi ficando triste e, mesmo tendo muitos cartões, o forasteiro também já não sentia tanta felicidade. No final da história, o forasteiro descobre que o segredo de felicidade daquela cidade não estava nos cartões, mas sim naquilo que se fazia com eles. Ele voltou a entregar os seus sorrisos e o reino recuperou a felicidade (todos os estudantes trocam seus sorrisos).

2. *Produção textual*. Cada criança registrou, através de produção textual, a história contada. No entanto, elas deveriam dar continuidade ao conto. Ou seja, relatar o que pode ter acontecido depois que o forasteiro devolveu os sorrisos. Cada criança teve a oportunidade de ler a sua história para os demais colegas e, com isso, criaram diferentes e criativas situações para o Reino dos Sorrisos.

3. *Ginástica facial do sorriso*. Li para a turma uma reportagem que esclarece os benefícios do sorriso para a musculatura facial e propus uma ginástica facial. Nesse momento as crianças seguiam orientações, tais como: todos devem dar uma gargalhada de bruxa, todos devem sorrir discretamente, todos devem dar um sorriso de paquera, todos devem dar um sorriso falso, um sorriso muito alegre, um sorriso para uma foto (as crianças podem sugerir tipos diferentes de sorrisos). Nessa atividade, a expressão corporal tornou-se evidente e proporcionou um período de muitas risadas e descontração.

4. *Música*. Cantamos uma música relacionada ao assunto dos sorrisos:

> Sorria ao dizer: Boa Tarde!
> Sorria ao dizer: Boa Tarde!
> Sorria feliz. Sorria feliz.
> Sorria ao dizer: Boa tarde!
> Sorria ao dizer _____.

5. *Desafio dos sorrisos*. A turma recebeu o desafio de trazer mil imagens de pessoas sorrindo (retiradas de revistas) em um prazo de apenas três dias. Por ser um desafio,

4. Trocando Experiências de Sala de Aula

essa atividade envolveu as crianças e seus familiares de maneira significativa, e o resultado final foi a produção de um painel contendo duas mil e cem imagens de sorrisos. O painel foi destaque na escola, pois ocupou um grande espaço nos corredores. Além disso, deixava curiosos todos aqueles que por ali passavam.

Crianças e o painel com 2.100 imagens de sorrisos (2008)

6. *Reflexão sobre o painel.* Durante posterior momento de debate, realizei as seguintes perguntas para as crianças: se o desafio fosse procurar imagens de pessoas tristes, seria fácil encontrá-las? Foi fácil achar imagens de pessoas sorrindo? Por quê? Essas questões desencadearam um debate rico em percepções sobre a Cultura Visual na qual estamos inseridos. Foi o momento final do projeto e as falas das crianças evidenciaram as aprendizagens realizadas, tais como: "Uma revista não pode

ter pessoas tristes porque fica feia e ninguém compra"; "As pessoas só tiram fotos quando estão felizes"; "Eu nunca fiquei triste"; "Se eu vou comprar um tênis, eu não quero ver foto de ninguém com dor, e as revistas não vão colocar pessoas tristes pra vender"; "Acho que o colégio vai ficar mais feliz agora porque eu nunca vi tanta gente feliz junta"; "Já pensou se as revistas não tivessem gente rindo?"; "Eu gosto de ver todo o mundo feliz" e "Tem um monte de gente com sorriso falso nas revistas".

Essas afirmações demonstram que diferentes olhares foram lançados sobre o assunto e que nenhum deles representou a resposta "correta". Através de suas afirmações, os estudantes desenvolveram reflexões críticas importantes sobre as imagens publicitárias das revistas, e ainda compreenderam a importância de um sorriso sincero nos relacionamentos interpessoais. Não posso afirmar que as brigas em sala de aula terminaram. No entanto, essas crianças tiveram a oportunidade de pensar, problematizar e autoavaliar as situações que estavam ocorrendo em seu meio.

Os Girassóis

Este projeto pedagógico surgiu em meio a um contexto no qual as artes visuais ou qualquer outra expressão artística não eram contempladas nos planos de estudo e nos planejamentos diários das Séries Iniciais do Ensino Fundamental. Por esse motivo, tornou-se fonte produtiva de questionamentos para todas as educadoras da instituição que, até então, percebiam as artes visuais como uma simples estratégia de ação para desenvolver outras áreas do conhecimento, e que não acreditavam nas possibilidades que esse campo poderia obter na formação dos educandos. Nessa escola, as aulas de artes eram pouco reflexivas, pouco planejadas e se resumiam à pintura com lápis de cor de desenhos fotocopiados, à apresentação de uma música no dia das mães ou no dia dos pais e à produção de bandeirinhas de São João decorados com restos de lápis apontados.

As possibilidades pedagógicas que as expressões artísticas podem proporcionar ao currículo escolar foram redefinidas pelas professoras e pela equipe diretiva através de reflexões decorrentes do planejamento e da execução desse projeto. Desta maneira, o relato deste busca abrir caminhos para novas possibilidades educacionais na área das artes visuais, ressaltando seu ensino e ressignificando aquilo que Franz (1995, p. 74) acredita ao dizer que "as potencialidades pedagógicas das artes ainda são pouco conhecidas pela educação escolar".

O projeto pedagógico "Os Girassóis" foi desenvolvido com crianças da primeira série do Ensino Fundamental, em processo de alfabetização, durante o segundo trimestre do ano letivo de 2005. Articulou experiências relacionadas ao desenvolvimento das plantas com a obra "Os Girassóis", de Vicent Van Gogh.

No plano de estudos dessa série estava previsto o trabalho sobre o desenvolvimento das plantas, desde seu ciclo de vida ao processo de preservação ambiental. Além disso, as crianças demonstraram inúmeras curiosidades sobre uma coleção de livros que se encontravam na caixa da leitura disponibilizada em um espaço na sala de aula. Apesar de ainda não conseguirem ler com fluência o conteúdo das obras, os alunos e as alunas ficaram encantados com as imagens (e com a possível história) dos livros que contavam as aventuras de Érica, nos títulos "Érica e os girassóis", "Érica e a Mona Lisa" e "Érica e os impressionistas", todos de James Mayhew (2001). Diante disso, passamos, eu e minha paralela, a estudar e planejar o projeto que veio a se chamar "Os Girassóis".

Tínhamos os seguintes objetivos: desenvolver aprendizagens sobre o desenvolvimento das plantas, através do processo de germinação de sementes; promover a reflexão sobre a preservação da natureza e sobre a importância da reciclagem do papel como estratégia para preservar as árvores; avançar o processo de alfabetização; conhecer a vida e algumas obras do artista Vicent Van Gogh; relacionar a obra "Os Girassóis" com aprendizagens sobre as plantas; desenvolver a formação cidadã e valores de responsabilidade para com a preservação da natureza; e ampliar a criatividade através da valorização do poder da imaginação.

Para alcançarmos os objetivos, elaboramos uma série de atividades, entre elas:

1. *Pesquisa na Internet sobre Vicent Van Gogh.* Nessa atividade, os alunos descobriram, junto aos seus familiares, inúmeras curiosidades sobre a vida e a obra do artista. As descobertas foram compartilhadas entre os componentes da turma através do relato oral de cada criança.

2. *Apreciação e reflexão sobre a obra "Os Girassóis".* Nesse momento, as crianças visualizaram a obra, em lâmina de retroprojetor, para que pudéssemos conversar sobre suas impressões, dúvidas e inferências. Partimos da seguinte questão: quem conhece um girassol? Os comentários e relatos dos estudantes evidenciaram seus conhecimentos prévios acerca do assunto, possibilitando a elaboração das atividades posteriores.

4. Trocando Experiências de Sala de Aula

Reprodução da obra *Os Girassóis* utilizada durante o projeto
Fonte: historiaartebrasileira.blogspot.com/2009/06/v...

3. *Hora do conto.* Li para as crianças, de maneira interativa e utilizando um avental com imagens coladas em velcro, a história do livro "Érica e os girassóis", de James Mayhew (2001). Essa história conta a aventura de uma menina que visita um museu de arte com sua avó e lá entra em confusões devido à invasão de seu cachorro. Em uma das confusões o cachorro entra no quadro "Os Girassóis" e derruba as plantas, espalhando as diversas sementes de girassóis.

4. *Coleção de sementes.* Realizamos uma coletânea de diversos tipos de sementes para compormos o "livro das sementes". Nessa atividade, também selecionamos algumas para realizarmos o processo de germinação em potes, inclusive com sementes de girassóis. A partir disso, iniciamos um estudo sobre o desenvolvimento das plantas.

5. *Bonecos de alpiste*. Cada criança produziu um boneco com sementes de alpiste (que apresenta o crescimento muito rápido). Colocamos sementes de alpiste e terra dentro de meias-calças, amarramos em formato redondo (cabeça), decoramos, molhamos as cabeças depois de prontas e esperamos crescer o "cabelo verde" em apenas três dias.

6. *Livro com aventuras do boneco de alpiste*. No laboratório de Informática, produzimos um livro no qual as crianças escreveram histórias contando as aventuras dos bonecos de alpiste, sempre inspiradas em Érica.

7. *Visita ao galpão de reciclagem*. Estudamos sobre a produção de papel e depois visitamos um galpão de reciclagem, a fim de que os estudantes pudessem visualizar o processo de reciclagem do lixo, compreendendo assim a importância de separarmos o lixo seco do orgânico, para que não seja necessária a derrubada de tantas árvores para a produção do papel.

Crianças visitando um galpão de reciclagem (2005)

8. *Produção de papel reciclado*. Produzimos, em sala de aula, papel reciclado.

9. *Visita ao museu de arte*. Assim como Érica, as crianças desejaram ter uma aventura dentro de um museu de arte.

Por esse motivo, realizamos uma visitação ao Santander Cultural (localizado no centro de Porto Alegre). Lá, as crianças realizaram apropriações culturais e conheceram um pouco sobre o funcionamento de um museu.

A avaliação do projeto foi realizada através de observações diárias das professoras e coleta de alguns materiais dos alunos com registro escrito. As principais produções das crianças (textos escritos, bonecos de alpiste, papel reciclado, livro das sementes) foram expostas na biblioteca da escola. Também constatei que as crianças realizaram inúmeras aprendizagens, não somente ligadas ao conhecimento das plantas, mas também à formação de reflexão crítica perante fatos sociais ligados à preservação da natureza. Eles sentiam-se responsáveis pela separação do lixo em suas casas, como também realizavam constantes inferências (relações) com as obras de Van Gogh.

Na escola, a repercussão do projeto foi ainda maior. Isso aconteceu porque relatávamos as atividades durante ocasiões informais com nossas colegas e também porque começamos a reconstruir os planos de estudo na área das artes visuais na escola. As percepções das educadoras sobre a arte com as crianças passaram a ganhar novos olhares e ressignificações importantes.

A bela Tarsila: refletindo sobre padrões de beleza

O projeto "Pintando com Tarsila do Amaral" foi desenvolvido com alunos de Educação Infantil da quarta série do Ensino Fundamental, durante três meses do ano letivo de 2006. Meu relato, porém, diz respeito às atividades da segunda série, na qual trabalhava e que tinha como principal objetivo a construção de conhecimentos realmente significativos para a vida de cada estudante e a de aprendizagens que ampliem o leque de saberes e a constituição não somente de habilidades cognitivas, mas também de aprendizagens afetivas e sociais. O tema proposto estava ligado à articulação de estudos sobre a vida e as obras da artista brasileira Tarsila do Amaral, com a construção de reflexões críticas acerca dos padrões de beleza sociais, implicados na cultura visual (imagens publicitárias) e nos quais estamos inseridos.

Os seguintes objetivos basearam o desenvolvimento do projeto: apreensão de que existem inúmeras formas de expressão que também estão repletas de significados, pensamentos e sentimentos; desenvolvimento da sensibilidade na busca de novos olhares sociais; reconhecimento da imensa diversidade na qual se está inserido; promoção da liberdade de imaginação, incentivando o poder de criação e de recriação; desenvolvimento de reflexões críticas sobre os padrões de beleza física que regem nossa atualidade; valorização pessoal e das características corporais de cada aluno; conhecimento da história de vida e das principais obras da artista Tarsila do Amaral; e promoção de interpretações criativas e da criatividade.

O desenvolvimento desse projeto procurou instigar as discussões sobre a constante busca pela beleza física, presente em nosso cotidiano e que é refletida nos gestos e nas falas dos alunos e das alunas em sala de aula. Busquei proporcionar reflexões sobre a valorização do próprio corpo como portador de beleza única. E ainda que os padrões de altura, peso e etnia, sugeridos nos mais diversos veículos de comunicação como modelos de beleza, podem ser contestados.

O assunto se originou da seguinte constatação: a maioria dos alunos demonstra preocupações com o que os outros

4. Trocando Experiências de Sala de Aula

pensam sobre o seu corpo físico. Muitos querem ter um corpo diferente do que possuem por não se considerarem bonitos. Querem ser magros, altos, vestir-se na última moda, esconder o uso de aparelhos dentários e óculos, disfarçar partes do corpo consideradas desproporcionais e, em alguns casos, não gostar da própria cor de pele. Tudo isso marcado por acontecimentos que passo a exemplificar: diante da ofensa de um colega, uma menina sai chorando da aula de Educação Física e me diz: "Profe, eu já tentei fazer todas as dietas, mas não consigo emagrecer" (aluna com nove anos). Em outra ocasião percebi que, durante vários dias, uma menina (com oito anos) não estava lanchando. Ao comunicar-me com a família, descobri que a estudante escondia seu lanche para não ter de comer e, assim, não engordar.

Desta maneira, foi considerado importante trazer esse assunto para reflexão em sala de aula, partindo do conceito que Trindade (2002, p. 78) nos traz: "A concepção e percepção de corpo humano nem sempre foi concebida ou percebida como hoje, tudo tem uma longa história, logo, não é natural". E ainda "Seja qual for a visão do corpo que tenhamos, ela é marcada por um legado histórico, social, político, ideológico, econômico, cultural". Por este motivo, encontramos na arte um pouco da história sobre as concepções de padrões de beleza de épocas e contextos históricos diferentes, sempre buscando a contextualização atual.

Outro ponto que justifica o desenvolvimento de um projeto ligado à área das artes visuais, com especial enfoque na artista Tarsila do Amaral, está na promissora articulação do projeto com outras áreas do conhecimento. Estava previsto no Plano de Estudos das Séries Iniciais o trabalho com o corpo humano em suas diversas abordagens, desde a biológica, que vai das partes e funções do corpo humano, até os aspectos sociais, como os padrões de beleza de nossa sociedade que já são almejados pelas crianças (aqueles que não se inserem na beleza esperada, são apelidados e até ridicularizados pelos demais, acarretando baixa autoestima). Desta forma, Tarsila do Amaral apresenta suas obras com grande ênfase ao corpo humano sob um olhar diferenciado. Suas telas provocam a quem observa, fazem surgir questionamentos e curiosidades. As cores vibrantes e suas combinações atendem ao imaginário infantil de um mundo que não precisa ser necessariamente o que vemos. Ela é uma artista provocante, que apresenta uma história de vida singular e com inúmeros aspectos interessantes a serem verificados. O trabalho com o corpo humano e suas reflexões sobre os padrões de beleza contemporâneos se articularam com perfeição à vida e obra de Tarsila do Amaral.

Segue o relato das principais atividades desenvolvidas durante o projeto:

1. *Cartaz dos conhecimentos prévios.* Nessa atividade, registrei em um cartaz as falas dos estudantes e suas dúvidas referentes à artista Tarsila do Amaral. Isso representa verificar os conhecimentos prévios que os alunos apresentam sobre o assunto que será trabalhado. A seguinte pergunta norteou essa atividade: o que sabemos e o que queremos saber sobre Tarsila do Amaral?

2. *Painel com imagens de revistas.* A turma, organizada em pequenos grupos (que possuíam cola, tesoura, papel pardo e revistas), deveria montar um painel com imagens de pessoas que consideravam bonitas. Tanto esse trabalho

4. Trocando Experiências de Sala de Aula

quanto o cartaz dos conhecimentos prévios foram guardados para análise e reflexão posterior.

3. *Pesquisa sobre Tarsila do Amaral.* Nessa atividade, as crianças realizaram uma pesquisa sobre a artista Tarsila do Amaral, em conjunto com suas famílias. As pesquisas foram posteriormente apresentadas e exploradas pelos componentes da turma.

Meninas com suas pesquisas (2006)

4. *Hora do conto.* O livro "Tarsila do Amaral", da Editora Moderna (BRAGA, 1998), foi utilizado para a hora do conto interativa, na qual os alunos acompanharam a história, relacionando-a com suas pesquisas.

5. *Exploração de imagens.* Foram mostradas aos alunos, em forma de lâminas de retroprojetor, as obras "Abaporu", "A Negra", "Antropofagia" e "Os operários" (imagens escolhidas pela turma) para que pudéssemos conversar sobre elas. Os alunos relataram suas impressões e hipóteses através das seguintes perguntas instigadoras: por que Tarsila pintou dessa forma o

corpo humano? Quem já viu algo parecido? Esses corpos são bonitos? Por quê? A partir disso, os alunos começaram a refletir e discutir sobre os padrões de beleza em diferentes contextos sociais, compreendendo que esses se modificam com o tempo e que cada povo, em determinado momento histórico, apresenta peculiaridades. Nesse momento, o painel produzido com imagens de pessoas que os alunos consideravam bonitas foi apresentado novamente. Com isto eles passaram a conversar sobre as questões: qual o corpo ideal em nossa atualidade? Por quê? Qual a relação entre padrões de beleza com as imagens vistas? Como percebemos o corpo através do meio de comunicação? O que isso implica na nossa vida? O que consideramos belo?

6. *Obras em argila*. Os alunos, inspirados em Tarsila do Amaral e em suas obras, produziram uma escultura em argila.

7. *Autorretrato*. Inspirados na obra "Manteau Rouge", os alunos utilizaram espelhos para produzir um autorretrato com lápis grafite. Com essa atividade surgiu o sempre presente questionamento: com qual lápis pinto a cor da minha pele? Através dessa inquietação iniciamos uma discussão pertinente sobre questões étnicas com a seguinte reflexão: qual o lápis de cor que tem a minha cor de pele? Vale ressaltar que esse momento fez originar outro projeto pedagógico ligado à discussão sobre diferenças étnicas.

8. *Produção da tela e organização da exposição de arte*. Os alunos produziram telas, com tintas específicas, inspirados nas obras de Tarsila do Amaral e nas reflexões que fizemos durante a realização do projeto. Posteriormente, elaboramos convites e a organização de uma exposição aberta à comunidade com as telas produzidas.

4. Trocando Experiências de Sala de Aula

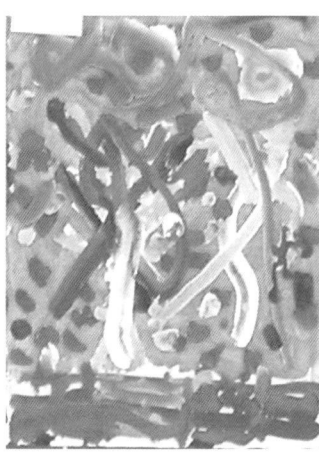

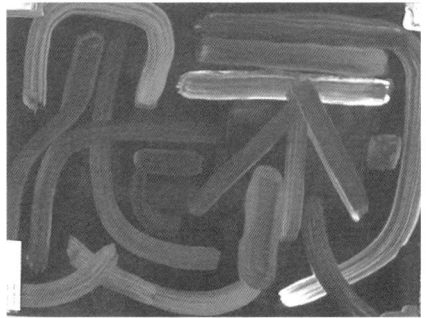

Telas produzidas pelas crianças (2006)

As Imagens que Invadem as Salas de Aula

Momentos da exposição das telas (2006)

9. *Avaliação*. Ao concluir as atividades realizamos uma avaliação do projeto. Nesse momento, os alunos visualizaram o cartaz inicial dos conhecimentos prévios e compararam suas hipóteses iniciais com as aprendizagens adquiridas.

O processo de avaliação foi ponto importante nesse projeto, pois buscou constatar as aprendizagens e as necessidades apresentadas pelos alunos. Registros escritos, observações diárias, trabalhos individuais e em grupos representam os instrumentos avaliativos utilizados pelas professoras no decorrer do projeto.

Ao final, constatei aprendizagens significativas nos alunos através de suas falas, escritas e gestos. Seus olhares e suas percepções sobre as artes visuais puderam ser ressignificadas através da compreensão que existem diversas formas de expressão. Trabalhar com a imaginação proporcionou escritas diferenciadas e o prazer pela busca de novas aprendizagens. Por fim, os alunos perceberam-se criativos e suas potencialidades artísticas se ampliaram. Com essas atividades foram possibilitadas reflexões críticas sobre os padrões de beleza presentes na atualidade. Os alunos puderam problematizar, argumentar e produzir concepções sociais que auxiliarão em sua formação pessoal e social.

Um flash na natureza

O projeto "Um flash na natureza" foi desenvolvido no primeiro trimestre do ano de 2007, com alunos e alunas da terceira série do Ensino Fundamental. Insere-se na área de artes visuais (fotografia) e apresenta importantes articulações com outras áreas do conhecimento.

Foram desenvolvidas atividades relacionadas ao estudo de uma temática com grande enfoque nos meios de comunicação: a relação entre o homem e a natureza. Isso proporcionou o desenvolvimento de diversas atividades, sendo que a principal foi uma exposição de fotos, organizada pelas crianças, sobre a natureza.

Justifico esse projeto pedagógico a partir de três perspectivas: a primeira se refere à relevância de discussões sobre a prática educativa desenvolvida nas escolas na área das artes visuais, considerando que essa pode contribuir significativamente para a formação de sujeitos reflexivos e criativos.

A segunda se refere à constatação de que a vida social está transformando-se radicalmente, através das novas tecnologias e das novas maneiras de se ver e de se perceber o mundo. As imagens dominam o cenário social e apresentam tanto valor quanto a leitura das palavras. Uma imagem tem muito a relatar e a ser interpretada, pois carrega consigo inúmeras mensagens. Dessa forma, a instituição escolar também deve ser reconfigurada para atender às novas necessidades apresentadas pelo contexto social.

O terceiro ponto que justifica o desenvolvimento desse projeto está na necessidade de conhecer melhor o ambiente no qual vivemos: sua história, com fatos que já aconteceram, que estão acontecendo, sua paisagem e o resultado das ações das pessoas. Por isso, o tema da preservação da natureza surge com muita força. As transformações climáticas, o acúmulo do lixo e diversos outros assuntos viraram notícias constantes na sociedade, e já não devem ficar fora das discussões em sala de aula. Diversos meios de comunicação enfatizam a necessidade da criação urgente de estratégias para preservar o meio no qual vivemos. A reciclagem,

4. Trocando Experiências de Sala de Aula

as mudanças climáticas, o desperdício de água e luz e os desmatamentos são exemplos de assuntos vivenciados pelas crianças cotidianamente.

Os objetivos específicos para a área de artes visuais foram: desenvolver a sensibilidade na busca de novos olhares sociais, tornando-se capaz de assimilar o meio visual e plástico em que vive com uma atitude reflexiva e crítica; compreender e analisar imagens; promover a liberdade de imaginação, incentivando o poder de criação e de recriação; ampliar a percepção de representações plásticas e da expressão de sentimentos e de ideias; desmistificar que a arte representa somente um dom e que pode ser praticada apenas por uma minoria de nossa sociedade; ampliar os conhecimentos na área visual e a bagagem cultural; promover a busca de informações em diferentes fontes para obtenção de respostas; desenvolver a verbalização de suas aprendizagens, reflexões, dúvidas e questionamentos, registrar de maneira clara suas aprendizagens; e vivenciar atitudes de cidadania para a preservação da natureza.

A escolha pelo trabalho específico em fotografia diz respeito à necessidade de apresentar uma nova forma de expressão artística para os estudantes e demais envolvidos, como familiares e professores.

A exposição de fotos foi o ponto culminante desse projeto. No entanto, diversas outras atividades foram desenvolvidas sobre a temática da preservação da natureza. Entre elas:

1. *Cartaz dos conhecimentos prévios.* Nessa atividade, a professora registrou em um cartaz as falas dos alunos e suas dúvidas referentes à atual situação do nosso meio ambiente.

A seguinte pergunta norteou essa atividade: o que sabemos e o que queremos saber sobre a natureza? O painel foi fixado na sala de aula para posterior visualização.

2. *Reportagens*. Cada criança pesquisou reportagens (veiculadas em jornais) acerca da destruição da natureza para que pudéssemos conversar e realizar um debate. Cada estudante verbalizou suas interpretações e reflexões sobre as notícias, tornando esse momento rico em trocas de aprendizagens.

3. *Hora do conto*. O livro "Um flash na natureza", de Luciana Borre Nunes, foi utilizado para a hora do conto interativa, em que os alunos acompanharam a história, relacionando-a com as reportagens citadas anteriormente. No enredo, um menino torna-se um grande pesquisador perante seus colegas de aula por trazer belas fotos sobre a natureza e por apresentar diversas alternativas e dicas para cuidarmos do meio ambiente, entre elas, a reciclagem do papel para a preservação das árvores.

4. *Estudo dos vegetais*. Diante das informações e opiniões expressas pelas crianças, decidimos que realizaríamos estudos sobre a reprodução, respiração, transpiração e o processo de fotossíntese dos vegetais, a fim de compreender a importância da preservação das árvores para o equilíbrio do meio ambiente. As atividades realizadas nessa etapa do projeto foram importantes para construção e produção de conhecimentos, dando origem a atividade seguinte.

5. *Visita a uma fábrica de papel higiênico*. Visitamos uma fábrica de papel higiênico que utiliza o papel reciclado como matéria-prima. Nesse local, as crianças observaram todo o processo de transformação do papel reciclado em novos produtos.

4. Trocando Experiências de Sala de Aula

Visita a uma fábrica de papel higiênico (2007)

6. *Papel reciclado.* Diante de tantas atividades, as crianças sentiram-se provocadas a também produzir papel reciclado em sala de aula, e, com ele, elaboramos cartões com dicas para a preservação da natureza.

Produção de papel reciclado em sala de aula (2007)

Produção de papel reciclado em sala de aula (2007)

7. *Panfletagem.* O sentimento de proteção ao meio ambiente ficou extremamente aflorado entre as crianças. Por isso, fomos até um supermercado local para realizarmos uma panfletagem com os cartões que produzimos com papel reciclado. Esses continham dicas de preservação da natureza, tais como: não deixar a torneira aberta quando escovamos os dentes, não lavar as calçadas e os carros com mangueira.

Crianças realizando panfletagem ecológica (2007)

4. Trocando Experiências de Sala de Aula

8. *Passeio de barco pelo Lago Guaíba.* Fizemos um passeio de barco pelo lago Guaíba para que as crianças pudessem refletir e questionar a poluição de nossa principal fonte de abastecimento: o lago Guaíba. Foram momentos de muitas aprendizagens, sorrisos e indignação diante de tantos materiais (lixo) que "boiavam" pelas águas.

Passeio pelo Lago Guaíba (2007)

9. *Visita à unidade de tratamento de água de Porto Alegre (DMAE).* Também visitamos o DMAE, para que as crianças presenciassem o processo de tratamento de nossa água e para que pudessem sanar algumas curiosidades apresentadas em sala de aula. Por exemplo: as crianças não conseguiam acreditar que a água que saía de nossas torneiras era a mesma, extremamente poluída, que estava no lago Guaíba.

Passeio ao DMAE (2007)

10. *Peça teatral*. Devido ao grande envolvimento da turma, o projeto estendeu-se por várias semanas, tornando possível a execução de uma peça teatral apresentada para a comunidade escolar. "A vida em nossas mãos" é uma fábula que contou a história de uma menina que reuniu diversos amigos animais para ajudar a natureza contra a destruição do homem.

4. Trocando Experiências de Sala de Aula

Momentos da apresentação da peça teatral (2007)

11. *Projeto de reciclagem.* As famílias dos estudantes foram convidadas a participar do projeto permanente de reciclagem, que reverte a venda de produtos recicláveis em materiais pedagógicos para as crianças. Essa iniciativa perdura até os dias atuais na escola.

12. *Exposição de fotos.* Cada criança foi desafiada a registrar, através de fotos (em máquina digital), os aspectos positivos e negativos da situação da natureza em sua comunidade. Duas fotos por aluno foram escolhidas, ampliadas, debatidas e expostas pelas crianças para toda a comunidade escolar. Visualize algumas imagens produzidas pelos estudantes:

Fotografias tiradas pelos estudantes (2007)

4. Trocando Experiências de Sala de Aula

O processo de avaliação é ponto importante nesse projeto, pois buscou constatar as aprendizagens e as necessidades apresentadas pelos alunos. Registros escritos, observações diárias, trabalhos individuais e em grupos representam os instrumentos avaliativos utilizados pelas professoras.

Foram também produzidos portfólios, nos quais os alunos puderam organizar e deixar registradas suas aprendizagens no decorrer das atividades propostas. O portfólio foi composto por suas produções escritas, fotos, imagens buscadas em diferentes meios, pinturas e outras contribuições. Hernández (2000, p. 165) apresenta importante afirmação ao dizer que esse instrumento se consolida como importante ferramenta de aprendizagem: "A função do portfólio se apresenta assim como facilitadora da reconstrução e reelaboração, por parte de cada estudante, de seu processo ao longo de um curso ou de um período de ensino".

Ao concluirmos as atividades, constatei aprendizagens significativas nos alunos através de suas falas, escritas e gestos. Eles vivenciaram experiências importantes ao descobrirem-se responsáveis pela preservação da natureza. Esse conjunto de conhecimentos possibilitou a compreensão de uma realidade maior e o entendimento de que todos nós fazemos parte da construção do amanhã, e que hoje necessitamos praticar mudanças comportamentais urgentes para que a situação da destruição da natureza seja amenizada.

E, ainda, as professoras puderam questionar seus trabalhos com as artes visuais na escola e suas reflexões ampliaram-se para melhor atender ao que as crianças da contemporaneidade necessitam. O projeto ainda apresentou importante seguimento, pois a escola adotou práticas permanentes de reciclagem na instituição.

Minha camiseta

Este projeto foi desenvolvido no segundo semestre de 2007, com crianças da terceira série do Ensino Fundamental. Tinha como principais objetivos a valorização pessoal de cada estudante, a reflexão crítica sobre as imagens veiculadas nas revistas, a integração entre os alunos e alunas e o combate aos constantes apelidos pejorativos tão correntes no mundo escolar.

Surgiu a partir da constatação de que inúmeras crianças estavam sendo "vítimas" de apelidos que provocavam marcas pessoais negativas. Elas eram chamadas de "riquinhas", "patricinhas", "gordas", "gulosas", entre tantos outros que se torna impossível relatar neste momento (quem trabalha em sala de aula deve imaginar os outros apelidos!). Isso provocava diversos momentos de violência verbal e a minha constante amenização de brigas. Além disso, tinha na turma uma criança que já não queria ir à escola, pois se sentia ridicularizada pelos demais. Com essas constatações tornou-se necessária a elaboração de um projeto que valorizasse as características individuais e que, ao mesmo tempo, oportunizasse a expressão criativa e reflexiva dos estudantes.

Passo a relatar o andamento das atividades relacionadas ao projeto:

1. *Jogo da fofoca*. Esse jogo foi realizado com a intenção de atribuir características positivas a cada estudante, funcionando da seguinte maneira: uma criança de cada vez sai da sala de aula. Enquanto espera, os demais colegas falam sobre suas características positivas. Ao retornar, um outro colega (o "fofoqueiro" previamente escolhido pela professora) conta todas as coisas que foram ditas. A criança elege uma das fofocas como aquela que será a sua marca. A cada marca deve ser atribuída uma imagem concreta. Exemplos: o menino que tinha como característica ser o "rei da tabuada" teve diversos números como sua imagem concreta. A menina que era a melhor jogadora de vôlei do colégio tinha como imagem concreta bolas e outros objetos relacionados ao vôlei.

2. *Produção das camisetas*. Cada estudante deveria trazer uma revista, uma camiseta usada, um cabide, cola comum e tesoura. Com esses materiais, as crianças preenche-

4. Trocando Experiências de Sala de Aula

ram suas camisetas com as imagens dos objetos relacionados à sua característica. Por exemplo: uma menina foi considerada a "falante" da turma, então a camiseta dela deveria ter inúmeras imagens de "balões de histórias em quadrinhos". Uma menina que antes ficava incomodada ao ser chamada de "Patricinha" adotou esse apelido como sua característica marcante e decidiu que sua camiseta estaria repleta de imagens de perfumes, joias, roupas, maquiagens, bolsas e sapatos. Outra menina adorou quando disseram que ela era romântica, então sua camiseta deveria estar repleta de imagens de flores. O menino que adorava matemática encheu sua camiseta com imagens de números. Imaginem a "bagunça" saudável que se criou em sala de aula no momento da produção dessas camisetas! Foi uma bagunça produtiva na qual todos se ajudaram até que as camisetas ficassem prontas. Observe algumas delas e os momentos de produção:

Momentos de produção das camisetas em sala de aula (2007)

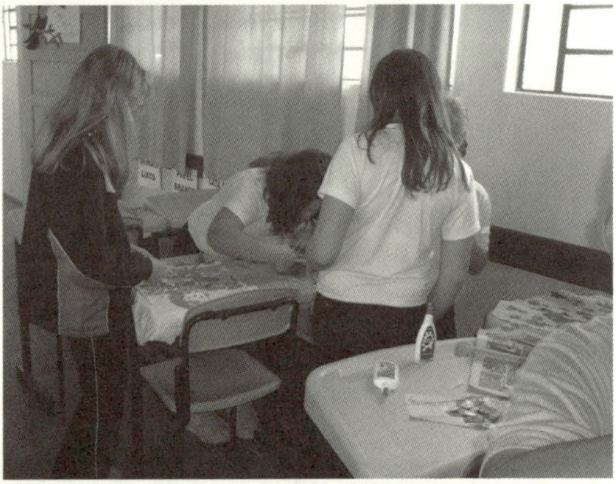

As Imagens que Invadem as Salas de Aula

Momentos de produção das camisetas em sala de aula (2007)

4. Trocando Experiências de Sala de Aula

3. *Exposição das Camisetas.* No dia de entrega de avaliações trimestrais (momento em que geralmente temos a presença maciça dos pais ou responsáveis na escola) organizamos uma exposição das camisetas. Inúmeras camisetas (não identificadas pelo nome, mas pelas preferências e características de cada aluno) estavam expostas em uma sala de aula. Foram cerca de duzentas e trinta camisetas expostas, tornando o ambiente visualmente atraente para os visitantes.

4. *Reflexão Final.* Em sala de aula, após a exposição, chegou o momento de refletirmos criticamente sobre a nossa produção. Perguntei às crianças: quais foram as duas primeiras camisetas a serem concluídas no dia em que as

produzimos? Obtive como resposta as camisetas da menina vaidosa (Patricinha), que continha imagens de roupas, joias, bolsas, maquiagens e perfumes, e a camiseta da menina que se assumiu como gulosa, tendo inúmeras imagens de doces e guloseimas. Depois perguntei: quais foram as duas últimas camisetas a ficarem prontas? Obtive como resposta a camiseta da menina romântica que deveria estar repleta de flores, e a camiseta do menino que se dizia um futuro cientista, que teria imagens de objetos relacionados ao mundo científico como lunetas, planetas, células (ambas as camisetas tiveram de ser concluídas em outro dia devido à falta de imagens nas revistas). Diante dessas duas constatações perguntei: por que terminamos essas duas camisetas primeiro e essas outras tivemos de terminar em outro dia?

Diante desse questionamento surgiram outros decorrentes das respostas das crianças: por que não encontramos muitas imagens de coisas relacionadas ao mundo científico nas revistas? O que as revistas querem vender? Quais as revistas que vocês trouxeram para a escola? Que tipo de imagens nós encontramos com mais frequência nas revistas? Para que elas servem? Os comentários e inferências realizados pelas crianças foram repletos de reflexões importantes sobre as imagens veiculadas nas revistas consumidas por suas famílias. Eles pensaram sobre os aspectos que valorizamos em nosso cotidiano e que acabam tornando-se referência para a produção das revistas de maior circulação.

Ao concluir essa produção artística, percebi a valorização pessoal de cada estudante, afinal, características positivas foram ressaltadas em meio a um ambiente que antes valorizava somente os apelidos pejorativos. Além disso, visualizei apropriações reflexivas em suas falas durante as aulas, pois as imagens veiculadas pelas revistas foram alvo de reflexões críticas dos estudantes, que certamente farão novas leituras e vislumbrarão diversos olhares sobre elas.

A vida pintada no muro

O projeto "A Vida Pintada no Muro" foi desenvolvido no primeiro trimestre do ano letivo de 2008, com alunos da Educação Infantil da quarta série do Ensino Fundamental, e apresentou como principal atividade a pintura de um muro da escola (com cerca de trinta metros de extensão) com a temática da valorização da vida.

Dessa maneira, foram desenvolvidas atividades em sala de aula relacionadas à compreensão e reflexão sobre as imagens que representam a "vida" veiculadas nos meios de comunicação.

O projeto surgiu da necessidade, constatada pelas professoras e equipe diretiva, de desenvolver atividades que valorizassem a vida como um presente que deve ser cultivado todos os dias e para que as crianças também pudessem construir sonhos de uma convivência social mais harmoniosa. Além disso, queríamos colorir a escola, deixá-la visualmente atraente e bonita para as nossas crianças.

Por isso, os objetivos foram refletir sobre aspectos relacionados à valorização da vida; problematizar as imagens publicitárias que veiculam mensagens ligadas à temática; desenvolver a criatividade; conhecer melhor o ambiente em que vivemos; praticar mudanças comportamentais urgentes para que a situação da violência seja reconfigurada; desenvolver a sensibilidade na busca de novos olhares sociais, tornando-se capaz de assimilar o meio visual em que vive com uma atitude reflexiva e crítica; promover a liberdade de imaginação; ampliar a percepção de representações plásticas e a expressão de sentimentos e de ideias; e ampliar os conhecimentos na área visual e a bagagem cultural.

A pintura do muro foi o ponto culminante desse projeto. No entanto, diversas outras atividades foram desenvolvidas sobre a temática. Entre elas:

1. *Reflexão sobre as imagens de revistas*. Nessa atividade registrei em um cartaz as falas dos alunos sobre suas percepções iniciais acerca da palavra "vida". Depois, solicitei que eles observassem algumas revistas e que recortassem imagens que fossem relacionadas à valorização da vida para a composição de um painel. Organizados em grupos, eles deveriam apresentar e justificar as imagens escolhidas. É interessante relatar que, na turma com a qual atuei, inúmeras falas das crianças indicavam a falta de imagens relacionadas ao tema nas revistas. E ainda que a reflexão estava sendo levada a sério pelos estudantes que, durante suas apresentações, disseram: "Não tem nada disso nas revistas, só gente querendo vender coisas", "Não tem muita imagem porque quem fala sobre vida são as igrejas e as escolas" e "Só tem foto de coisa ruim ou gente em festas". E ainda: "Não tem muita coisa não, mas as pessoas também são vida e isso tem muito nas revistas" e "Nós achamos só uns animais e o céu no fundo das fotos dos artistas". Vale ressaltar que as revistas utilizadas em sala de aula, geralmente, refletem o consumo das famílias, estando ligadas a assuntos sobre a moda e o universo dos artistas.

4. Trocando Experiências de Sala de Aula

2. *Seleção de imagens.* Diante de tantas reflexões realizadas durante a atividade anterior, as crianças foram convidadas a participarem da pintura do muro. Então, selecionamos diversas imagens que seriam recriadas para a elaboração de um esboço para a pintura do muro. As principais imagens criadas pelos estudantes através de desenhos foram arco-íris, borboletas, animais diversos, plantas diversas, pegadas de animais, sol, gotas da chuva, fundo do mar, céu, crianças brincando, flores, corações, materiais escolares e outros.

3. *Seleção dos participantes e pintura do muro.* Devido ao grande número de crianças da escola, cada turma selecionou (por critérios diversos elaborados pelas professoras) dois estudantes para realizarem a pintura. Foram vinte e cinco crianças envolvidas nos quatro dias de pintura. Eles manipulavam as tintas e os pincéis e pintavam as imagens que tinham sido previamente rascunhadas no muro. Foram momentos de muita risada, conversas e trabalho, no qual o envolvimento das professoras foi essencial para um resultado final positivo, que pode ser visualizado através das fotos:

Resultado final da pintura do muro (2008)

As Imagens que Invadem as Salas de Aula

Momentos da pintura do muro (2008)

4. Trocando Experiências de Sala de Aula

Ao realizar uma avaliação do projeto, as professoras mostraram-se satisfeitas e felizes com o resultado final, mas principalmente com os relatos daquilo que as crianças falavam em sala de aula. Os alunos perceberam-se criativos, reflexivos, e suas potencialidades artísticas se ampliaram. Eles também vivenciaram experiências importantes ao descobrirem-se responsáveis pela escola. O resultado final foi um muro colorido e cheio de vida!

Iberê Tristonho

Justifico a realização do projeto pedagógico *Iberê Tristonho*, desenvolvido no primeiro trimestre do ano de 2009, a partir de situações pontuais que ocorreram dentro da sala de aula. A turma citada cursava o terceiro ano do Ensino Fundamental e tinha um histórico de muita afetividade entre os componentes do grupo. Eles eram extremamente amáveis uns com os outros e estavam sempre procurando ajudar o próximo (um sonho de turma para qualquer professora).

No entanto, situações de cunho familiar com algumas crianças estavam originando momentos tristes em sala de aula, nos quais os estudantes ficavam chateados ao verem alguns de seus colegas passando por situações bastante difíceis. Diversas vezes as crianças me procuraram em segredo para darem sugestões e para solicitarem que algo fosse feito para alegrar a vida de seus três colegas (queriam escrever cartões em tamanho gigante, realizar visita surpresa, ensaiar músicas, entre outros). Eles estavam totalmente envolvidos com as situações que agora cito: na primeira, um menino perdeu, inesperadamente, seu pai em situação de doença; na segunda, uma menina também perdeu sua irmã (recém-nascida) que estava sendo esperada com muito carinho pela família; e, na terceira situação, uma colega estava deixando a escola, pois seus pais estavam em circunstância de separação.

Essas situações comoveram a turma de maneira muito especial, por isso percebi que havia a necessidade de momentos específicos de produções, conversas e reflexões que atendessem ao que os estudantes queriam dizer e manifestar. Junto a isso, também não observo a temática relacionada

4. Trocando Experiências de Sala de Aula

aos sentimentos de perda, solidão e tristeza sendo trabalhada e refletida nas escolas, mesmo que esteja presente no cotidiano de todos.

Por todas essas situações Iberê Camargo (reconhecido pintor gaúcho) foi escolhido como foco para o projeto, visto que esse artista apresenta obras bastante expressivas em relação à exposição de sentimentos ditos negativos (como melancolia e solidão), e sua trajetória de vida também apresenta cenas "tristes" que instigam conversas e debates.

Durante o projeto foram desenvolvidas atividades relacionadas ao estudo da vida e da obra de Iberê Camargo, bem como momentos de reflexão e produções artísticas. Para tal, os seguintes objetivos se fizeram presentes: conhecer a vida e a obra do importante artista gaúcho Iberê Camargo; realizar apropriações culturais; desenvolver reflexões acerca de assuntos relacionados aos sentimentos de tristeza, perdas e solidão; perceber a importância de compartilhar emoções com familiares e amigos; expressar sentimentos e desejos através da pintura; ampliar conhecimentos na área visual; promover a busca de informações em diferentes fontes para obtenção de respostas; e promover a liberdade de imaginação, incentivando o poder de criação e de recriação.

A realização desse projeto contou com as seguintes atividades:

1. *Exploração inicial do assunto.* Logo ao entrar em sala de aula perguntei para os estudantes: quem é Iberê Camargo? Como já esperava, as crianças mostraram-se ansiosas e curiosas, pois não conheciam o artista. Então passei a registrar as diversas hipóteses, entre elas, destaco que Iberê poderia ser uma mulher famosa, um cantor estrangeiro ou um político corrupto.

2. *Exploração das imagens das telas de Iberê.* Distribuí diversos cartões com imagens das telas de Iberê para a turma e solicitei um olhar atento para tudo aquilo que estava pintado e desenhado. Em seguida, iniciei um ciclo de perguntas que eram elaboradas de acordo com as respostas das crianças. Descrevo algumas falas:

– O que vocês estão vendo? (Professora).
– Desenhos muito feios e escuros (Adriana).
– São pinturas! E são de uma pessoa que tá muito triste ou chateada com alguma coisa (Yesley).
– Por que triste? (Professora).
– Por que tudo tá escuro, sem vida, sem cores bonitas... As pessoas são feias! (Ângela).
– Todas as fotos mostram isso mesmo. Acho que quem pintou não tava de bem com a vida. Acho que essa pessoa devia tá muito sozinha (Eduarda).
– Ele não sabe desenhar. Tudo tá muito feio? (Vinícius).
– Ele sabe desenhar, mas ele quis desenhar assim porque ele tava triste (Leonardo).

Esse trecho demonstra uma exploração inicial das obras de Iberê Camargo e as hipóteses das crianças diante de imagens que ainda não faziam parte de seu repertório visual. Durante essa atividade os estudantes atribuíram valores de tristeza, solidão, angústia e isolamento às telas por visualizarem cores escuras, formas descontínuas e figuras humanas "alteradas". Foi nessa situação que as crianças descobriram que Iberê Camargo era um pintor (daí intitulamos o projeto como "Iberê Tristonho"). Mas o interessante da conversa foi quando as crianças começaram a pensar sobre o motivo pelo qual o artista estava triste. Nesse momento, percebi o envolvimento dos estudantes no assunto e a comparação com suas próprias experiências pessoais:

– Vocês imaginam o motivo da tristeza? (Professora).
– Pode ser várias coisas, mas perder alguém da família deve ser um motivo bem grande (Yesley).
– Talvez o cachorro dele tenha morrido. O meu cachorro morreu quando fez uma cirurgia e eu fiquei muito triste mesmo (Vinicius).
– Eu também tô numa fase muito triste porque minha mãe tá se separando do meu pai e ele tem outra família. Tá muito triste pra mim e pra ela (Ângela).

Essas e outras falas evidenciam os pensamentos e reflexões que surgiram através das obras de Iberê. Certamente foi um momento de trocas de experiências e de cumplicidade entre os componentes da turma.

Debate sobre as obras de Iberê (2009)

Debate sobre as obras de Iberê (2009)

3. *É ruim ficar triste?* Essa foi a pergunta que as crianças levaram como tema de casa. Elas deveriam pensar sobre isso e conversar com suas famílias, recolhendo diferentes opiniões. No dia seguinte, um debate muito produtivo foi travado em sala de aula, pois a exploração dessa questão com os familiares levantou muitas ideias diferentes e importantes. O meu interesse estava centrado na busca de opiniões que revelassem como as famílias e, consequentemente, as crianças, tratavam as situações conflituosas e que causam tristezas em seu cotidiano. O debate foi nota dez! Muitas opiniões e comentários certamente balançaram as reflexões das crianças. Observe algumas falas:

– Todo o mundo lá em casa disse que ficar triste faz parte da vida e que é impossível viver sem ter alguma tristeza (Nicolau).
– Lá em casa ninguém disse que ficar triste é bom. Eles disseram que faz mal pro coração! (Eduardo).
– A gente sempre consegue ver coisas boas, mas só depois que passa um tempão. Né, profe? (Anita).

4. *Investigações na Internet.* Após o momento de debate sobre as obras de Iberê, as crianças ficaram motivadas a descobrir novas informações. Por isso, fomos à sala de informática e lá a

turma investigou tudo sobre a vida e obra do artista. A cada nova descoberta, um registro era adicionado em seus cadernos.

5. *Pintura*. O momento da pintura foi marcante! A proposta foi a seguinte: cada um deveria pensar em um fato triste que tenha acontecido em sua história de vida. Depois, esse fato deveria ser registrado através da pintura, assim como Iberê Camargo. Mas a pintura deveria ser "misteriosa", ou seja, ninguém poderia identificar as suas imagens. Utilizei o termo "mistério" para aguçar a criatividade e para que as crianças pudessem fugir de desenhos estereotipados em suas produções. Ao falar em "mistério", os estudantes deveriam criar imagens que fizessem sentido para eles mesmos e que os outros não entendessem o conteúdo.

As pinturas ficaram ricas em produção de sentidos. Em momento posterior, cada criança relatou os seus sentimentos (inscritos no papel) para os demais colegas (decifrar o mistério!). Foi então que os três estudantes, que inspiraram a elaboração desse projeto, puderam colocar "para fora" suas angústias e tristezas.

Pinturas misteriosas (2009)

Pinturas misteriosas (2009)

6. *Visita à Fundação Iberê Camargo.* Visitamos a Fundação Iberê Camargo e lá pudemos conhecer (bem de perto) as obras do artista e um pouco mais sobre sua história. Também percebemos a importância cultural do artista para o Rio Grande do Sul. Nessa visita orientada, exploramos as obras, assistimos a um filme que mostrou alguns momentos de produção artística de Iberê e também participamos de uma oficina na parte externa do prédio (com uma vista belíssima do Lago Guaíba!).

Crianças explorando a Fundação Iberê Camargo (2009)

7. *Voltamos a pintar!* De volta à escola, pintamos! Agora a temática era livre, embora ainda inspirados em Iberê.

Pinturas (2009)

As produções realizadas durante o projeto foram "bárbaras", assim como as aprendizagens e os momentos de reflexão sobre os acontecimentos do dia-a-dia. Foram atividades importantes para que as crianças percebessem que a tristeza pode, sim, conter boas aprendizagens e que podem ser superadas com o auxílio daqueles que nos cercam, principalmente pela família e pelos amigos.

Vale ressaltar que todas as atividades descritas anteriormente tinham um registro escrito, afinal, o trabalho pedagógico com o terceiro ano do Ensino Fundamental também prevê a continuidade da alfabetização. Esses registros foram utilizados para a composição de livros individuais, que também continham as pinturas das crianças. Foi interessante verificar que os estudantes perceberam que aprenderam muitas coisas diferentes ao visualizarem suas respostas iniciais acerca da pergunta: quem é Iberê Camargo?

Palavras Finais

"Os guris não brincam com Barbie porque eles gostam de brincar com carrinhos e de correr, e as meninas são mais delicadas. Eu acho isso!" (Lúcia). Através dessa fala, registrada durante o andamento da pesquisa de mestrado, articulo um fechamento provisório de minhas inquietações sobre nossa constituição social através da Cultura Visual. Isso porque a expressão *meninas são mais delicadas* evidencia uma das fortes representações que as meninas apresentam sobre suas vivências e comprova que as imagens com as quais interagimos dizem muito sobre nossas identidades culturais. Elas perpetuam e instauram algumas verdades sobre como devemos agir, pensar e falar nos mais variados assuntos e ambientes.

Uma dessas "verdades", encontradas durante o terceiro capítulo está relacionada ao imaginário de beleza física ideal procurada, constantemente, pelas meninas. O corpo almejado pelas estudantes é produzido, fabricado e moldado culturalmente, pois as imagens com as quais elas convivem dizem como esses devem ser esculpidos e revestidos. As meninas vivenciam discursos visuais que instauram o desejo pelo corpo magro, dinâmico e *fashion*. Assim, as crianças estão diante de um conjunto de "regras" para o desenvolvimento de seu corpo, ainda infantil, e desde cedo já aprendem e seguem as normalidades vigentes.

Dessa maneira, o universo visual exerce pedagogias, pois as imagens nos ensinam a olhar as situações sociais e nos educam. Elas também mostram e constituem quais os produtos que devem ser consumidos pelas crianças, configurando os relacionamentos sociais através das condições de consumo. Nesse caso, os estudantes apresentam a necessidade de aquisição constante de produtos que têm destaque e significativa circulação entre os componentes da turma em sala de aula. Isso é fomentado por uma avalanche de imagens que circulam, articuladamente, na mídia televisiva, na mídia impressa e na internet.

Além disso, os desejos de compra das crianças são dinâmicos e mutáveis, pois é possível obter qualquer produto com rapidez, usufruir dele por pouco tempo, descartá-lo e procurar um novo material para voltar a adquirir.

É preciso também considerar que, ao adquirir uma boneca, um caderno, uma roupa ou qualquer outro tipo de acessório, as crianças não estão consumindo somente um produto, mas sim toda uma rede de representações que ensina como as meninas devem ser, agir e pensar. Elas não consomem, unicamente, a imagem das princesas ou da Barbie, mas também seu estilo de vida e suas histórias.

Diante dessas considerações, minhas inquietações tornam-se ainda mais fecundas, pois, enquanto professora, também apresento responsabilidades e comprometimentos

Palavras Finais

perante a educação dos olhares sociais dos estudantes. Hernández (2007, p. 77) ressalta a importância que os educadores detêm na incumbência de promover novos e diferentes olhares sobre a constituição de gênero: "é necessário que os professores auxiliem as meninas a compreenderem que as imagens das mídias e da cultura visual sobre a feminilidade e sobre o que é ser mulher dão forma a suas identidades e influenciam meninos e rapazes na construção de sua masculinidade".

Como portadoras de inúmeros textos e produtoras de muitas significações, as imagens não foram trabalhadas, neste livro, como simples acessório ou material complementar para as reflexões realizadas. Ao contrário, elas foram os principais alvos de problematizações, tanto que o último capítulo foi dedicado a sugestões práticas de atividades pedagógicas com a Educação Infantil e Séries Iniciais do Ensino Fundamental que problematizam as imagens.

Por isso, as reflexões realizadas no decorrer do texto desconfortam radicalmente as posições adotadas pelas instituições escolares, pois as fazem pensar sobre os relacionamentos interpessoais contemporâneos, sobre os "novos" sujeitos que estão inscritos no âmbito escolar, sobre as diferentes realidades culturais transgredidas pela tecnologia, sobre a configuração recente do consumo, sobre como o corpo é, atualmente, moldado, e sobre o imenso repertório visual no qual todos estamos imbricados. Novos relacionamentos, antes impensáveis pelas escolas, atravessam as salas de aula, promovendo o contato com múltiplos saberes, modos de vida, sujeitos e valores de convivência social.

Embora no campo da educação seja comum a pretensão de apontar "receitas", diretrizes e soluções, ressalto que os percursos teóricos, as reflexões, as sugestões de projetos pedagógicos aqui expostos não pretendem mostrar o quanto as imagens ou outros artefatos culturais são maléficos ou negativos, e nem marcar os caminhos mais seguros para uma educação de qualidade. O que procurei problematizar é como as imagens instauram maneiras de ser e de pensar e como produzem conhecimentos considerados únicos e verdadeiros. Com isso, as discussões procuram inquietar e desacomodar algumas verdades, tão caprichosamente consolidadas, e apontar possibilidades de pensarmos sobre as relações que temos com o mundo visual.

Para mim, o que de fato faz a diferença são as interrogações que ainda podem ser realizadas sobre a construção de identidades na cultura visual. São as possibilidades de outros olhares sobre a temática. Por isso, finalizo com algumas questões que, felizmente, ainda perduram: Quais pontos invisíveis ainda estão escondidos nas visíveis relações entre o consumo de imagens? Como professores, pais, responsáveis ou outros familiares enxergam a constituição das crianças através das imagens? Como isso pode contribuir para que o olhar sobre a formação dos sujeitos seja problematizado nas escolas? Como deixarmos de viver como "cegos" em um contexto em que prevalecem as imagens? Que estratégias as instituições escolares podem adquirir para desestabilizar, desconfortar e desacomodar as certezas produzidas pela cultura visual?

Referências Bibliográficas

ANDRÉ, Marli E. D. A. "A pesquisa no cotidiano escolar." In: FAZENDA, Ivani Catarina Arantes (org.). *Metodologia da Pesquisa*. São Paulo: Cortez, 1994.

BARBOSA, Ana Mae. *Arte/Educação Contemporânea*: Consonâncias Internacionais. São Paulo: Cortez, 2005.

BRAGA, Angela; REGO, Lígia. *Tarsila do Amaral*. São Paulo: Editora Moderna, 1998. (Coleção Mestres das Artes no Brasil).

BUJES, Maria Isabel Edelweiss. "Infância e poder: breves sugestões para uma agenda de pesquisa." In: COSTA, Marisa Vorraber; BUJES, Maria Isabel Edelweiss. *Caminhos investigativos III*: riscos e possibilidades de pesquisar nas fronteiras. Rio de Janeiro: DP&A, 2005.

CAO, Marián López F. "Lugar do outro na educação artística: o olhar como eixo articulador da experiência: uma proposta didática." In: BARBOSA, Ana Mae. *Arte/Educação Contemporânea*: Consonâncias Internacionais. São Paulo: Cortez, 2005.

CHANDA, Jacqueline. "Teoria crítica em História da Arte: novas opções para a prática de Arte/Educação." In: BARBOSA, Ana Mae. *Arte/Educação Contemporânea*: Consonâncias Internacionais. São Paulo: Cortez, 2005.

COCCHIARALE, Fernando. *Quem tem medo de arte contemporânea?* Recife: Fundação Joaquim Nabuco, Editora Massangana, 2006.
COSTA, Jurandir Freire. *Sem fraude nem favor:* estudos sobre o amor romântico. 3ª ed. Rio de Janeiro: Rocco, 1998.
COSTA, Marisa Vorraber; SILVEIRA, Rosa Hessel; SOMMER, Luis Henrique. "Estudos culturais, educação e pedagogia." In: *Revista brasileira de educação.* Cultura, Culturas e educação, maio/junho/julho/agosto, n. 23, 2003.
COSTA, Marisa Vorraber; VEIGA-NETO, Alfredo (org.). *Estudos Culturais em Educação:* mídia, arquitetura, brinquedo, biologia, literatura, cinema... Porto Alegre: Editora da UFRGS, 2004.
COUTO, Edvaldo Souza. "Corpos modificados – O saudável e o doente na cibercultura." In: LOURO, Guacira Lopes; FELIPE, Jane; GOELLNER, Silvana Vilodre. *Corpo, gênero e sexualidade*: Um debate contemporâneo na educação. Petrópolis(RJ): Vozes, 2007.
CUNHA, Susana Rangel Vieira (org.). *Cor, som e movimento*: A expressão plástica, musical e dramática no cotidiano da criança. Porto Alegre: Mediação, 2002.
DORNELLES, Leni. *Infâncias que nos escapam*: da criança de rua à criança *cyber.* Petrópolis, RJ: Vozes, 2005.
FELIPE, Jane e GUIZZO, Bianca Salazar. "Erotização dos corpos infantis na sociedade de consumo." In: *Pro-Posições,* Campinas, vol. 14, n. 3, set./dez. 2003.
FELIPE, Jane. "Erotização dos corpos infantis." In: LOURO, Guacira Lopes; FELIPE, Jane; GOELLNER, Silvana Vilodre. *Corpo, gênero e sexualidade:* Um debate contemporâneo na educação. Petrópolis(RJ): Vozes, 2007.
FIGUEIRA, Márcia Luiza Machado. "A revista Capricho e a produção de corpos adolescentes femininos." In: LOURO, Guacira Lopes; FELIPE, Jane; GOELLNER, Silvana Vilodre. *Corpo, gênero*

e *sexualidade:* Um debate contemporâneo na educação. Petrópolis(RJ): Vozes, 2007.

FOUCAULT, Michael. *Vigiar e Punir*: nascimento da prisão. Petrópolis: Vozes, 1987.

_____. *A arqueologia do saber*. Tradução: Luiz Felipe Baeta Neves. 7ª ed. Rio de Janeiro: Forense Universitária, 2005.

_____. *Microfísica do poder*. Rio de Janeiro: Graal, 2006.

FRANZ. Teresinha S. "Pensando a Obra de Artes Plásticas como recurso pedagógico." In: *Arte e Educação em Revista*. Ano 1, n. 1 (out. 1995). Porto Alegre: Rede Arte na Escola/Polo UFRGS, 1995.

FREEDMAN, Kerry. "Currículo dentro e fora da escola: representações da Arte na Cultural Visual." In: Barbosa, Ana Mae. *Arte/Educação Contemporânea*: Consonâncias Internacionais. São Paulo: Cortez, 2005.

GASKELL, George. "Entrevistas individuais e grupais." In: BAUER, Martin W.; GASKELL, George (org.). *Pesquisa qualitativa com texto, imagem e som: um manual prático*. Petrópolis, RJ: Vozes, 2002.

GILL, Rosalind. "Análise do discurso." In: BAUER, Martin W.; GASKELL, George (org.). *Pesquisa qualitativa com texto: imagem e som: um manual prático*. Petrópolis, RJ: Vozes, 2002.

GIROUX, Henry A. "Praticando estudos culturais nas faculdades de educação." In: SILVA, Tomaz Tadeu (org.). *Alienígenas na sala de aula*. Petrópolis, RJ: Vozes, 1995.

GOELLNER, Silvana Vilodre. "A produção cultural do corpo." In: LOURO, Guacira Lopes; FELIPE, Jane; GOELLNER, Silvana Vilodre. *Corpo, gênero e sexualidade:* Um debate contemporâneo na educação. Petrópolis (RJ): Vozes, 2007.

HALL, Stuart. *A identidade cultural na pós-modernidade*. Stuart Hall; tradução Tomaz Tadeu da Silva, Guacira Lopes Louro. 10ª ed. Rio de Janeiro: DP&A, 2005.

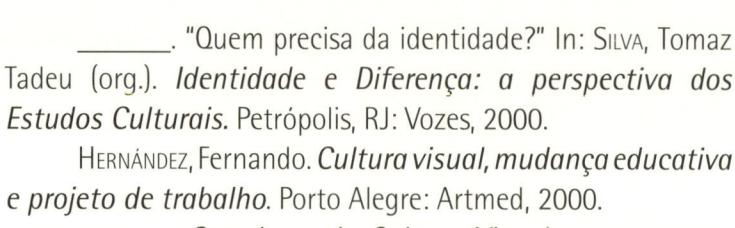

_____. "Quem precisa da identidade?" In: SILVA, Tomaz Tadeu (org.). *Identidade e Diferença: a perspectiva dos Estudos Culturais*. Petrópolis, RJ: Vozes, 2000.

HERNÁNDEZ, Fernando. *Cultura visual, mudança educativa e projeto de trabalho*. Porto Alegre: Artmed, 2000.

_____. *Catadores da Cultura Visual*: proposta para uma nova narrativa educacional. Porto Alegre: Mediação, 2007.

LOIZOZ, Peter. "Vídeo, filme e fotografias como documentos de pesquisa." In: BAUER, Martin W.; GASKELL, George (org.). *Pesquisa qualitativa com texto, imagem e som: um manual prático*. Petrópolis, RJ: Vozes, 2002.

LOURO, Guacira Lopes. "O currículo e as diferenças sexuais e de gênero." In: COSTA, Marisa Vorraber (org.). *O currículo nos limiares do contemporâneo*. 4ª ed. Rio de Janeiro: DP&A, 2005.

LOURO, Guacira Lopes. *Gênero Sexualidade e Educação: uma perspectiva pós-estruturalista*. Rio de Janeiro: Petrópolis, 2007a.

_____. "Currículo, gênero e sexualidade." In: LOURO, Guacira Lopes; FELIPE, Jane; GOELLNER, Silvana Vilodre. *Corpo, gênero e sexualidade: um debate contemporâneo na educação*. Petrópolis(RJ): Vozes, 2007b.

MARZOLA, Norma. "Os sentidos da alfabetização na revista Nova Escola." In: COSTA, Marisa Vorraber; VEIGA-NETO, Alfredo (org.). *Estudos Culturais em Educação: mídia, arquitetura, brinquedo, biologia, literatura, cinema...* Porto Alegre: Editora da UFRGS, 2004.

MASCIA, Márcia Aparecida Amador. *Investigações discursivas na pós-modernidade: uma análise das relações de poder-saber do discurso político educacional de língua estrangeira*. Campinas, SP: Mercado de Letras, São Paulo: Fapesq, 2002.

Referências Bibliográficas

MAYHEW, James. *Érica e os girassóis*. São Paulo: Editora Moderna, 2001.

MCROBBIE, Ângela. "Pós-marxismo e estudos culturais." In: SILVA, Tomaz Tadeu (org.). *Alienígenas na sala de aula*. Petrópolis, RJ: Vozes, 1995.

MEYER, Dagmar Estermann; SOARES, Rosângela de Fátima. "Modos de ver e de se movimentar pelos 'caminhos' da pesquisa pós-estruturalista em Educação: o que podemos aprender com – e a partir de – um filme." In: COSTA, Marisa Vorraber; BUJES, Maria Isabel Edelweiss. *Caminhos investigativos III: riscos e possibilidades de pesquisar nas fronteiras*. Rio de Janeiro: DP&A, 2005.

MEYER, Dagmar Estermann. "Gênero e educação: teoria e política." In: LOURO, Guacira Lopes; FELIPE, Jane; GOELLNER, Silvana Vilodre. *Corpo, gênero e sexualidade: um debate contemporâneo na educação*. Petrópolis(RJ): Vozes, 2007.

MOMO, Mariângela. *Condições culturais contemporâneas na produção de uma infância:* o pós-moderno que vai à escola. In: 30ª ANPED, Caxambu, 2008. Disponível em: http://www.anped.org.br/reunioes/31ra/trabalhos. Acesso em 19 de out. 2008.

NELSON, Cary; TREICHLER, Paula A.; GROSSBERG, Lawrence. "Estudos culturais: uma introdução." In: SILVA, Tomaz Tadeu (org). *Alienígenas na sala de aula*. Petrópolis, RJ: Vozes, 1995.

NUNES, Luciana Borre. "As representações de crianças sobre a conjugalidade através da literatura infantil." In: *Revista de Educação, ciência e cultura / Centro Universitário La Salle*. Canoas: Centro Editorial La Salle, 2007.

PARSONS, Michael. "Curriculum, Arte e cognição integrados." In: BARBOSA, Ana Mae. *Arte/Educação Contemporânea*: Consonâncias Internacionais. São Paulo: Cortez, 2005.

PILLAR, Analice Dutra. *A Educação do Olhar no Ensino das Artes*. Porto Alegre: Mediação, 2001.

POZO, Juan Ignácio. *Aprendizes e mestres*: a nova cultura da aprendizagem. Porto Alegre: Artmed, 2002.

RAEL, Claudia Cordeiro. "Gênero e sexualidade nos desenhos da Disney." In: LOURO, Guacira Lopes; FELIPE, Jane; GOELLNER, Silvana Vilodre. *Corpo, gênero e sexualidade: um debate contemporâneo na educação*. Petrópolis (RJ): Vozes, 2007.

RICHTER, Ivone Mendes. *Interculturalidade e estética do cotidiano no ensino das artes visuais*. Campinas, SP: Mercado de Letras, 2003.

SABAT, Ruth. "Gênero e sexualidade para consumo." In: LOURO, Guacira Lopes; FELIPE, Jane; GOELLNER, Silvana Vilodre. *Corpo, gênero e sexualidade: um debate contemporâneo na educação*. Petrópolis(RJ): Vozes, 2007.

SCHULMAN, Norma. "O Centre for Contemporary Cultural Studies da Universidade de Birmingham: uma história intelectual." In: SILVA, Tomaz Tadeu (org.). *O que é, afinal, Estudos Culturais?* Belo Horizonte: Autêntica, 2006.

SILVA, Tomaz Tadeu. *Alienígenas na sala de aula*. Petrópolis, RJ: Vozes, 1995.

_____. *Documentos de identidade: uma introdução às teorias do currículo*. Belo Horizonte: Autêntica, 1999.

_____. *Identidade e Diferença: a perspectiva dos Estudos Culturais*. Petrópolis: Vozes, 2000.

THEODORO, Fernanda. *A boneca Barbie e a educação das meninas: um mundo de disfarces*. In: 30ª ANPED, Caxambu, 2008. Disponível em: http://www.anped.org.br/reunioes/31ra/trabalhos. Acesso em 19 de out. 2008.

TRINDADE, Azoilda Loretto. "Do corpo da carência ao corpo da potência: desafios da docência." In: Garcia, Regina

Leite (org.). *O corpo que fala dentro e fora da escola*. Rio de Janeiro: DP&A, 2002.

VEIGA-NETO, Alfredo. "Cultura, culturas e educação." In: *Revista brasileira de educação*. Cultura, Culturas e educação, maio/ junho/julho/agosto, n. 23, 2003.

_____. "Olhares." In: COSTA, Marisa Vorraber (org.). *Caminhos investigativos: novos olhares na pesquisa em educação*. Porto Alegre: Mediação, 1996.

_____. "Currículo e história: uma conexão radical." COSTA, Marisa Vorraber (org.). *O currículo nos limiares do contemporâneo*. 4ª ed. Rio de Janeiro: DP&A, 2005.

WOODWARD, Kathryn. "Identidade e diferença: uma introdução teórica e conceitual." In: SILVA, Tomaz Tadeu (org.). *Identidade e Diferença: a perspectiva dos Estudos Culturais*. Petrópolis: Vozes, 2000.

WORTMANN, Maria Lúcia Castagna. "Análises Culturais – um modo de lidar com histórias que interessam à educação." In: COSTA, Marisa Vorraber (org.). *Caminhos investigativos II: outros modos de pensar e fazer pesquisa em educação*. Rio de Janeiro: DP&A, 2002.

Impressão e acabamento
GRÁFICA E EDITORA SANTUÁRIO
Em Sistema CTcP
Rua Pe. Claro Monteiro, 342
Fone 012 3104-2000 / Fax 012 3104-2036
12570-000 Aparecida-SP